子どもの話にどんな返事をしてますか?

親がこう答えれば、子どもは自分で考えはじめる

ハイム・G・ギノット
菅 靖彦=訳

草思社文庫

子どもの話にどんな返事をしてますか?　もくじ

イラスト=北砂ヒツジ

はじめに

朝、目を覚まして、子どもの人生をみじめにしてやろうと思う親はいない。「今日は、チャンスがあれば子どもをどなりつけてやろう。うるさく小言を言って、うんと恥をかかせてやるんだ」などとは考えない。

逆に、ほとんどの親は朝にはこう思っている。「今日は心穏やかに暮らそう。どなったり、口やかましく言ったり、口論したりするのはよそう」

ところが、そう思っているにもかかわらず、望みもしない戦いがまた勃発《ぼっぱつ》するのだ。子育てとは、日々の小さな出来事の積み重ねであり、ときに衝突や対応の必要な危機が発生するのは避けられない。親がどのような対応をするにせよ、それはかならずなんらかの結果を生み、よきにつけ悪しきにつけ、子どもの人格の形成や自尊心の育成に影響をおよぼす。

子どもを傷つけるような対応の仕方をするのは底意地の悪い親だけだとわたしたちは思いがちである。だが、不幸なことに、そうではない。愛情豊かで、善意の心をもった親でも、責める、辱《はずかし》める、非難する、あざける、脅《おど》す、金品で買収する、レッテルを貼る、罰する、説教する、道徳をおしつける、といったことをひんぱんにしている。

なぜだろう？

たいていの親は、言葉がもつ破壊的な力に気づいていないからだ。親たちは、気づくと、自分が親から言われたことを子どもたちに言っている。自分の嫌いな口調で、言うつもりのなかったことを言っているのだ。そのようなコミュニケーションの悲劇は、思いやりに欠けているからではなく、理解不足に起因していることが多い。

親は子どもたちとのかかわりで、特別なコミュニケーションのスキルを必要とする。外科医が手術室にやってきて、麻酔《ますい》前の患者に向かってこう言ったら、患者はどんなふうに感じるだろう？「ほんとうのことを言うと、手術の訓練をあまり受けていないんです。でも、患者さんを愛してますし、常識はずれのことはしませんから」おそらく患者はあわてて逃げだすだろう。

でも、愛と常識で十分だと信じている親をもつ子どもは、そう簡単に逃げだすわけにはいかない。子どもたちの日々の要求に応《こた》える能力を身につけるためには、親だって、外科医と同じように、特殊なスキルを学ぶ必要があるのだ。熟練した外科医が慎重に手術をするように、親も、言葉を使うときには慎重に用いなければならない。なぜなら、言葉はナイフのようなもので、人を肉体的に傷つけることはないかもしれないが、感情的に傷つける危険があるからだ。

子どもとのコミュニケーションを改善したかったら、何からはじめればいいのだろう？

まず、子どもへの対応の仕方を調べる必要がある。そして、**ふるまいを批判するのではなく、気持ちをくむ言葉を身につけなければならない**。それは大人が、客や見知らぬ人にたいするときに使う言葉だ。

たとえば、傘を忘れた客にわたしたちは何と言うだろう？　その人を追いかけていって、こんなふうに言うだろうか？「いったい、どうしたんですか？　あなたはここに来るたびに何かしら忘れますよ。これじゃなければあれ、という具合にね。どうして妹さんのようになれないんです？　妹さんは忘れ物なんかしませんよ。あなたは四十四歳にもなってるっていうのに、いくつになったら学ぶんです？　私はあなたの後始末をする召使いじゃないんですからね！　頭をどこかに置き忘れてきたんじゃありませんか？」

こんなふうには言わず、ただ「アリスさん、傘をお忘れですよ」と言って傘を差しだすだけで、「そそっかしい人ですね」などとよけいなことは言わない。

親は、お客さんにたいするように子どもに対応する方法を学ばなければならない。親は子どもに安全で幸せになってもらいたいと願っている。わざわざ自分の子どもを怯《おび》えの強い恥ずかしがりやに育てようとする親はいない。分別のない憎らしい子どもになってもらいたいと願う親もいない。

ところが、多くの子どもは成長する過程で、好ましくない性格を身につけ、安心感を抱けず、自分自身やほかの人を敬う態度をつちかうことができない。親は子どもに礼儀正しくなってもらいたいと願うのに、子どもは無作法になる。整頓好きになってほしいと思うのに、散らかしやになる。自信をもってもらいたいと思うのに、不安で落ち着かなくなる。幸せになってもらいたいと願うのに、なかなかそうはならない。

親は子どもが立派な人間になるのを応援してやることができる。思いやりと勇気と責任感をもった人間、芯の強さをもって正直に生きる人間になるのを手伝ってやれるのだ。

そのような人間味のある目標を達成するには、親は人間味のある子育ての方法を学ばなければならない。**愛だけでは十分ではない。直感だけでも不十分である。よい親**

はスキルを必要とする。そのようなスキルをどうやって身につけ、活用したらいいかが、本書のおもなテーマである。スキルを身につければ、親が望む理想を日々の実践に生かせるようになるだろう。

また、親が、子育てにおいて何を目標とすればいいかをはっきりさせ、その目標を達成する方法を見つける手伝いができれば、と思っている。親は、具体的な解決策を必要とする具体的な問題に直面している。「子どもにもっと愛情を」「子どもにもっと関心を示しなさい」「子どもにもっと時間をあたえなさい」といった決まりきったアドバイスでは、助けにならないのだ。

長年、私は、個人的なセッションだけではなく、集団的な心理療法や子育てのワークショップを通しても、親や子どもたちに接してきた。本書はそのような体験が結実したものだ。だからこれは実践的なガイドブックであり、すべての親が直面する日々の状況や心理的問題にたいする、具体的な提案や望ましい解決策をおさめてある。いずれも基本的なコミュニケーション原理から導かれた具体的なアドバイスなので、親が子どもたちと、おたがいを尊重しながら威厳をもって暮らしていく助けとなるだろう。

〈1章〉
親しみを生む親子の会話

子どもの質問には隠れた意味がある

子どもとの会話には、独自のルールと意味がある。子どものコミュニケーションが無邪気であることはめったにない。かれらの伝えたいメッセージは往々にして暗号化されており、解読を要するのだ。

十歳のアンディは父にこうたずねた。「ハーレムで捨てられた子どもの数はどのくらいなの?」弁護士であるアンディの父親は、息子が社会問題に興味を示すのを見て、うれしく思った。そこで、捨て子問題について長々と説明し、数字を調べて教えてやった。だがアンディは満足せず、同様の質問をくりかえした。「ニューヨークで捨てられた子どもの数はどのくらい? アメリカ全体ではどのくらい? ヨーロッパでは? 世界中ではどのくらい?」

アンディの父親はやっと気づいた。息子が心配していたのは社会の問題ではなく、

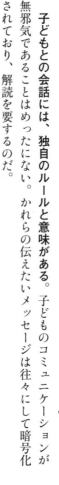

個人の問題だった。アンディの質問は捨てられた子どもへの同情心からというより、捨てられることへの恐怖から生じていた。捨てられた子どもの数を知りたかったのではなく、自分が捨てられないことを確認したかったのだ。

そこで父親は、息子の心配に触れながら、こう答えた。「おまえは、どこかの親が子どもを捨てたように、わたしたちがいつかおまえを捨てるんじゃないかと心配してるんだね。わたしたちはおまえを捨てたりしないって約束するよ。もしまた心配になったら、お父さんにそう言ってくれ。心配がなくなるようにしてやるから」

五歳になるナンシーは、母親といっしょにはじめて幼稚園を訪れたとき、壁に貼ってある数枚の絵を見て、大声でこうたずねた。「ここに貼ってあるきたない絵、だれが描いたの?」当惑したナンシーの母親は、あわてて険《けわ》しい表情で娘を見て言った。「あんなにかわいい絵ばかりなのに、きたないなんて言っちゃだめでしょ」

ナンシーの質問の意味を理解した先生は、微笑みを浮かべて言った。「ここでは、かわいい絵を描かなくてもいいのよ。へんな絵を描きたかったら描いてもいいの」

するとナンシーの顔に満面の笑みがひろがった。なぜなら、「こんなにじょうずな絵を描けない子はどうなるの?」という自分のほんとうの疑問への答えを得たからだ。

次にナンシーは、こわれたオモチャの消防車を拾いあげ、「だれがこの消防車をこわしたの?」と訊いた。母親は、「だれだっていいでしょう。ここには知ってる子なんかいないんだから」と答えた。

ナンシーは、実際にはオモチャをこわした子の名前を聞きたかったのではない。オモチャをこわした子どもがどうなるのかを知りたかったのだ。質問の真意を察した先生は、適切にも、こう答えた。「オモチャは遊ぶためにあるの。ときどきこわれるものよ。消防車もそうだったの」

ナンシーは満足した様子だった。自分に必要な情報を手に入れたからだ。「この大人はとってもいい人だ。へんな絵を描いても、オモチャをこわしても、すぐには怒らないもの。こわがらなくてもいいみたい。ここにいても安全みたいね」こうしてナンシーは母親に手を振って別れを告げ、先生のところに行って、幼稚園での一日目をはじめた。

十二歳のキャロルはピリピリし、涙ぐんでいた。夏のあいだずっと彼女の家に滞在していた大好きないとこが、家に帰ろうとしているのだ。キャロルの悲しみにたいする母親の反応は、不幸にも、感情を分かちあうものでも、理解があるものでもなかった。

キャロル（目に涙をためて）：スージーがいなくなっちゃう。私、また一人ぼっちになっちゃうわ。

母親：別の友だちが見つかるわよ。

キャロル：とっても寂しいの。

母親：きっと乗り越えられるわ。

キャロル：ああ、お母さん！（すすり泣く）

母親：あなた、十二歳にもなって、まだそんなに泣き虫なの。

キャロルはやりきれない顔をして母を見、自分の部屋に逃げこむと、後ろ手にドアを閉めてしまった。

この出来事はもっと気持ちのよい終わり方ができるはずだった。**子どもの気持ちは、たとえ状況がそれほど深刻に見えなくても、真剣に受けとめてやらなければならない。**母親の目には、夏の終わりの別れは涙を流すほどの危機とは映らないかもしれないが、子どもの気持ちに共感してやる必要があった。キャロルの母親はこんなふうに思ってもよかったのだ。「キャロルが心を痛めている。力になってあげるためには、彼女がなぜ心を痛めているか理解していることを示すのがいちばんいい。そのためにはどうすればいいだろう？　キャロルの気持ちを言葉にしてやればいいんだわ」

そんなふうに思うことができれば、次のような言葉をキャロルにかけただろう。

「スージーがいなくなると寂しくなるね」
「いっしょにいるのに慣れていたから、別れるのがつらいのね」
「スージーがいなくなると、きっと家のなかがガランとしているように感じるわね」

このような反応は親子のあいだに親しみを生みだす。理解されたと感じると、子どもたちの寂しさや心の痛みはやわらぐし、親にたいする愛情も深まる。親の共感が、傷ついた気持ちを応急処置してくれるのだ。

わたしたちが素直に子どもの苦境を認め、子どもの落胆に声をあたえてやると、子どもはつらい現実に直面する力をとりもどす場合が多い。

七歳のアリスは、友だちのリーといっしょにすごす計画を立てていた。ところが、その午後、ガールスカウトの幼年団の集まりがあることを思いだし、泣きだしてしまった。

母親：あら、がっかりしたのね。今日の午後、リーと遊ぶのを楽しみにしてたものね。

アリス：そうなの、ガールスカウトの集まり、どうしてほかの日にできないの？

やがてアリスは泣きやんでリーに電話をかけ、ほかの日に遊ぶ約束をした。それからすすんで服を着替え、ガールスカウトの準備をした。

アリスの母親が娘の失望を理解し、それに共感したおかげで、アリスは人生に避けられない葛藤《かっとう》や失望に対処する力を得たのだ。母親はアリスの気持ちを言葉にし、アリスの望みを表現した。「どうして泣いたりするの！　別の日にリーと遊べばいいでしょう。何を大騒ぎしてるのよ？」などとは言わなかった。

ともすれば、こんなとき親は「同時に二つの場所にはいられないのよ」といったお決まりの文句を言いたくなるものだが、アリスの母親はそれを周到《しゅうとう》に避けた。また、「水曜日はガールスカウトがあるってわかってるのに、どうして遊ぶ約束なんかしたの？」

などと言って責めることもなかった。

次に紹介する短い会話は、父親が息子の気持ちや不満をただ認めただけで、いかに息子の怒りがやわらげられたかを描いている。

デビッドの父親は夜間勤務をしていて、日中、妻が働きに出ているあいだ、家事をしている。買い物から帰ってきたとき、八歳になる息子が怒っていることに気づく。

父親：怒ってる男の子がいるぞ。うん、すごく怒ってる男の子だ。
デビッド：ぼく、怒ってるもん。すごく怒ってるんだ。
父親：そうか。
デビッド（とても静かに）：父さんがいなくて寂しかったんだ。学校から帰ってきたとき、いつもいないんだもん。
父親：話してくれてうれしいよ。わかった。おまえは学校から帰ってきたとき、父さんに家にいてもらいたいんだな。

デビッドは父に抱きついてから、外に遊びに行った。デビッドの父親は息子の気分を変える方法を知っていた。「父さんは買い物に行かなきゃならなかったんだよ。父さんが食べ物を買わなかったら何を食べるんだい？」などと、自分が家にいなかった理由を説明して自己防衛しようとはしなかった。また、息子に「どうしてそんなに怒ってんだい？」とたずねたりもしなかった。そうではなく、息子の気持ちや不満を認めたのだ。

子どもたちの不満が不当であることを納得させようとしたり、子どもたちの認識が誤っていることを納得させようとしても不毛なのだが、そのことに、ほとんどの親は気づいていない。そんなことをしても、口論や怒りにつながるだけだ。

ある日、十二歳になるヘレンは、とても動揺して学校から帰ってきた。

ヘレン：お母さん、がっかりすると思うけど、テストの成績がBだったの。お母さんにとって私がAをとることが大切なのはわかってるけど。

母親：あら、私、気にしないわよ。どうしてそんなこと言うの？　あなたの成績にがっかりなんかしないわ。Bでいいじゃない。

ヘレン：だったら、私がAをとらないと、なんでいつもどなるの？

母親：いつあなたにどなった？　あなた、自分ががっかりしてるから、私を責めてるんじゃない。

ヘレンは泣きだして部屋から駆けだしていった。ヘレンの母親は、ヘレンが自分の落胆した気持ちを認めるかわりに母親を責めたことを理解していたが、そのことを指摘し、議論しても、娘の気持ちをほぐすことにはならなかった。

もし次のように言って、娘の感じていることを認めていたら、もっと娘の助けになっただろう。「お母さんにとって、あなたの成績がそれほど大事でなければいいのに、と思っているのね。自分にとってどういう成績がいい成績なのか、自分で決めたいんでしょう。わかったわ」

子どもにかぎらず、大人でも、自分の困難を思いやりをもって理解してもらうと、うれしくなるものだ。

グラフトン夫人は銀行に行くのが嫌いだと言っていた。「だいたいいつも混んでるし、支店長は、ただそこにいるだけでありがたく思えというような態度なんですもの。彼に用事があるときは緊張してしまうんです」

金曜日、グラフトン夫人は小切手に支店長の署名をもらわなければならなかった。彼がほかの人に対応するのを聞いているうちにまた動揺したが、そのとき、彼の立場に立って気持ちをくみとってみようという気になった。「金曜日はいつも大変ですね！みんながあなたに用事があるみたい。まだ昼にもなってないのに。あなたが一日をどうやって切り抜けてらっしゃるのかわからないわ」

すると支店長の顔がパッと明るくなった。グラフトン夫人は彼が笑うのをはじめて見た。

「まったく、そうなんですよ。ここはいつも忙しいんです。だれもが真っ先に用事を足してもらいたいと思ってましてね。で、お客様はどんなご用件でしょうか？」

彼は小切手に署名してくれただけではなく、彼女を窓口係のところまで案内し、すばやく用事をかたづけてくれた。

説教や批判は恨みを生むだけ

「どこに行ってきたの？」

「外」

「何をしてきたの？」

「別に」

これは親子のあいだによくある会話だが、親にとっては何もわからず、いらだたしいものだ。子どもに何か言って聞かせようとしてもエネルギーを消耗《しょうもう》するだけということもある。ある母親はこんなふうに言う。「子どもに必死になって言い聞かせようとしても、聞いちゃいないんです。金きり声をあげてやっと聞こえる感じ」

子どももしばしば親と会話をするのを拒《こば》む。説教されたりいやみを言われたり批判されたりするのがいやなのだ。親はしゃべりすぎだとかれらは感じている。八歳になるデビッドは母親に、「ちょっと何か訊いただけで、どうしてそんなに長く答えるの？」と訊いた。彼は友だちにはこう告白している。「もうお母さんには何にも言わない。話しはじめたら遊ぶ時間がなくなっちゃうんだもん」

親子の会話をよく観察してみると、**どちらもほとんど相手の言うことを聞いていないことに**気づいて驚くだろう。会話は二人の独白のように聞こえる。一方は批判と指示、もう一方は否定と懇願《こんがん》。そのようなコミュニケーションの悲劇は、愛情が足りないためではなく、相手を尊重する気持ちが足りないために起こる。知性ではなくスキルの不足が原因なのだ。

わたしたちの日常の言葉は、子どもたちと有意義なコミュニケーションをするのに

十分ではない。子どもの心に届き、親のいらだちを減じるには、思いやりをもって子どもたちと会話をする方法を学ぶ必要がある。

子どもの行動ではなく気持ちに反応しよう

子どもとのコミュニケーションは、敬意とスキルにもとづかなければならない。そのためには、**(a) メッセージが親の自尊心だけではなく、子どもの自尊心も傷つけないものであること、(b) 忠告や指示をあたえる前に理解を示すこと、**が必要となる。

九歳のエリックは、帰宅したとき、怒りでいっぱいだった。彼のクラスはピクニックに行く予定だったのに、雨が降ったのだ。以前なら父親はこんなとき、エリックにこう言っていた。「天気に文句言ってもしょうがないだろう。ピクニックにはまた別の日に行けるじゃないか。父さんが雨を降らしたわけじゃないのに、どうして父さんに怒るんだよ」そして事態はますます悪くなった。そこで父親は新しいアプローチを試してみることにした。

父親はこう考えた。エリックはピクニックに行けなかったことでとてもがっかりしている。だから、自分の怒りを私にぶつけることで、落胆した気持ちを私と分かちあおうとしているのだ。息子には感情をあらわす権利がある。息子の気持ちを理解し、尊重していることを示すのが、いちばん彼の助けになるだろう。
こうして、父親はエリックに言った。「ずいぶんがっかりしてるようだな」

エリック：うん。
父親：ピクニックに行くの、すごく楽しみにしてたもんな。
エリック：そうなんだ。
父親：何もかも準備してたっていうのに、憎らしい雨が降っちまったんだな。
エリック：そう、ほんとにそうなんだよ。

それから一瞬沈黙があり、エリックが言った。「まあ、また別の日があるよ」
エリックの怒りはおさまり、その午後のエリックはとても協調的だった。ふだんは、エリックが怒って家に帰ってくると家じゅうがかきまわされた。遅かれ早かれ、彼は家族全員を怒らせたからだ。では、この日の父親のアプローチは、何が特別で、何が子どもの助けになったのだろう?

子どもたちは、強い感情に突き動かされているときには、だれの言葉も耳に入らない。忠告も慰めも建設的な批判も、受けとることができないのだ。子どもたちは、自

分のなかで起こっていること、自分がその瞬間に感じていることを、わたしたちに理解してもらいたがっている。それも、経験したことを全部説明しないまま理解してもらいたいのだ。それは、子どもが自分の感じていることを少しだけ見せるゲームのようなもので、残りはわたしたちが当てなければならない。

「先生が私のことどなったの」と子どもが言うとき、わたしたちはその子からもっとくわしい話を聞きだそうとしなくていい。「いったい何をしてどなられたの？　先生がどなったってことは、あなたが何かしたからでしょう？　何をしたのよ？」などと言わなくてもいい。「あら、かわいそうに」と言う必要さえない。子どもの感じている痛みやとまどいや怒りの感情を、わたしたちが理解していることを示さなければいけないのだ。

九歳になるジェフリーはさえない顔で学校から帰ってきて、「先生のせいで今日はだいなしだったよ」と不満を言った。

母親：疲れきってるみたいね。

ジェフリー：図書室で生徒が二人騒いだんだけど、先生は騒いだのがだれだかわからなくて、罰としてクラス全員を、ほとんど一日中、廊下に立たせたんだよ。

母親：クラス全員の生徒が、授業もうけずに一日中、廊下に立っていたわけ！疲れるのも無理ないわ。
ジェフリー：だけど、おれ、先生に言ったんだ。「ジョーンズ先生、先生ならだれが騒いだか見つけだせると思いますよ。全員を罰しなくてもいいんじゃないですか」って。
母親：あら、まあ。九歳の子が、一部の子の無作法なふるまいのためにクラス全員を罰するのは不公平だって、先生にわからせてあげたわけね！
ジェフリー：わかってはもらえなかったよ。先生、今日はじめて笑ってくれたけどね。
母親：じゃあ、先生の決心は変えられなかったけど、気分は変えられたわけだ。

ジェフリーの母親は、息子の話を聞いて、その気持ちを尊重し、彼が問題を解決しようとしたことを好意的に受けとめた。そうやって息子の気分を変え、怒りをしずめたのだ。

子どもが何を感じているかを、わたしたちはどのようにして知るのだろう？　わたしたちはまず子どもの様子をよく見、子どもの言うことに耳を傾ける。そして、自分自身のそれまでの感情的な体験に照らして、子どもの気持ちを理解する。たとえば、子どもが仲間の前で辱《はずかし》めを受けたらどう感じるか、わたしたちにはわかる。

こちらが子どもの気持ちを理解していることを伝えるには、理解していることを示す言葉をかけてやればいい。次のようなセリフは効果的だろう。

「とても恥ずかしかったでしょうね」
「あなた、怒ったでしょうね」
「その瞬間、先生を憎らしく思ったでしょうね」
「あなたにとって最悪の日だったわね」

子どもが無作法なふるまいをするとき、心にわずらわしい感情がわだかまっている場合が多い。したがって、ふるまいを改善させるには、まず感情をどうにかしてやらなければならない。不幸にも、親はあまりそのことに気づいていない。

十二歳のベンの母親はこう述べている。「昨日、仕事から帰ってくるとすぐ、息子のベンがあわただしく出てきて、先生の不満を言いはじめたんです。『先生、宿題出しすぎだよ。一年かかってもできないよ。明日の朝までに詩を書かなきゃならないんだ。先週の宿題のショート・ストーリーも書かなきゃならないのに。それにね、今日、先生、ぼくのことどなったんだ。ぼくのことが嫌いなんだよ!』

私は思わず息子にどなってしまいました。『私にだって、あなたの先生と同じぐらい意地悪な上司がいるの。でも、私は不満を言わないわよ。先生があなたをどなるのも無理ないわ。あなた、ちゃんと宿題をやったためしがないんだもの。あなたはただの怠け者よ。文句を言わずに宿題をやりなさい』」

「あなたがご自分の怒りをあらわしたあと、どうなりましたか?」と私はたずねた。

「息子は二階の自室に駆けこんで、ドアに鍵をかけたまま夕食にも下りてきませんでした」

「あなたはどんな気持ちでした?」

「みじめでした。その夜は惨憺《さんたん》たるものでした。家族全員がいらだって憂うつな雰囲気でした。私は罪の意識を感じましたが、どうすればいいかわからなかったんです」

「息子さんはどんな気持ちだったと思いますか?」

「たぶん、私のことは怒ってただろうし、先生をこわがる気持ちも消えなかったでしょうね。イライラが高じて、宿題に集中することなんかとてもできなかったでしょう。

私は息子の助けになってやれませんでした。でも、息子が不平ばかり言って責任を果たそうとしないのを見ていると、耐えられないんです」

もしベンが不平を言うのではなく、自分の気持ちを表現することができていれば、このような事態になるのは避けられただろう。たとえば、「ママ、明日、学校に行くのがこわいよ。詩も書かなきゃならないし、ショート・ストーリーも書かなきゃならないんだ。イライラして集中できないよ」とベンが言っていれば、母親は息子の苦境を認め、息子に共感してやることができただろう。息子の感情的な不満を言葉にして、こんなふうに言えただろう。「明日の朝までに詩とショート・ストーリーを書けないんじゃないかって心配なのね。あなたが負担に思うのも無理ないわ」

わたしたちも、わたしたちの子どもたちも、不幸なことに、感情を分かちあうように育てられてはこなかった。

子どもは対処しきれなくなると、だいたい怒りだし、自分のおちいった苦境を他人のせいにして責める。それがまた親を怒らせ、怒った親は子どもたちを責めて、問題を解決せずに、あとで後悔するようなことを言ってしまう。

子どもが怒りを爆発させた場合、その裏に隠されている恐れや絶望や無力感といった感情に注意を向けてやると、子どもにとっては助けになる。子どものふるまいに反応するのではなく、子どもの動揺した感情に応《こた》え、子どもがそれらに対処するのを助けてやるのだ。子どもは気持ちが落ち着いているときだけ、明晰《めいせき》に考え、正しく行動することができる――そういうときだけ、集中したり、注意を払ったり、聞いたりできるようになる。

子どもの強い感情は、「そんなふうに感じるべきじゃない」と言われても消えないし、「そんなふうに感じる理由はない」と納得させようとしても、やはり消えはしない。強い感情は、払いのけても消えないのだ。**聞き手が共感と理解をもってそれらを受け入れてやると、緊張がやわらぎ、とげとげしさが消える。**

このことは子どもだけではなく、大人にもあてはまる。次に紹介する親たちのディスカッション・グループでの話しあいがそのことを示している。

リーダー：何もかもがうまくいかない朝を想像してみて。電話は鳴っているし、赤ん坊は泣いているし、トーストは知らないうちにこげちゃうし、さんざんな朝よ。そのトーストを見た夫はこう言うの。「なんてこった！　いつになったらトーストの焼き方を覚えるんだ！」さあ、どう反応する？

A：トーストを夫の顔めがけて投げつけるわ。

B：私なら「トーストくらい自分で焼いてよ！」って言うわ。
C：私はかなり傷ついて、泣いてしまうかも。
リーダー：夫の言葉を聞いて、彼にたいしてどう感じる？
親たち：怒り、憎しみ、恨み。
リーダー：その場合、もう一枚トーストを焼くのは簡単なこと？
A：毒をぬってもいいならね！
リーダー：同じ状況だったとするわよ。トーストがこげてるの。でも、夫がその状況を見て、こんなふうに言ったらどう？「うーん、おまえ、今朝は大変だな。赤ん坊は泣くし、電話は鳴るし、トーストはこげるし」
B：それならすばらしい気分になるわ！
C：いい気分になって、夫にキスするでしょうね。
リーダー：どうして？　赤ん坊はまだ泣いているし、トーストはこげているのよ？
親たち：それでもかまわない。
リーダー：何がちがうの？
A：責められてないってことがありがたいのよ。
リーダー：じゃあ、三番目のシナリオを言うわよ。夫がこげたトーストを見て、穏やかな口調でこう言うの。「おれがトーストの焼き方を見せてやるよ」

B：とんでもない。最初のより悪いわ。自分がバカみたいに感じるもの。

リーダー：いま話した三つのアプローチが、子どもの扱い方にどうあてはまるか考えてみましょう。

A：言わんとしていることはわかるわ。私はいつも子どもにこう言うの。「もうそんなこととわかる年でしょう」すると、子どもはかならず怒りだすの。

B：私はいつも娘に「やり方を教えてあげるわ」って言ってる。

C：私は自分が責められることに慣れているから、自然に責める言葉が浮かんでくるの。子どものころ母に言われたとおりのことを子どもに言ってるわ。そのことで母を憎んだというのにね。私はいろいろなことがちゃんとできなくて、いつも母にやり直させられていたの。

リーダー：そして、いま、あなたは娘さんに同じことを言ってるわけね？

C：そうね。自分でもいやなのに。そういうことを言う自分も好きじゃないわ。

リーダー：こげたトーストの話から学べることは何？　みじめな気持ちを愛に満ちた気持ちに変えたのは何だと思う？

B：理解してもらっているっていう事実ね。

C：責めるんじゃなくね。
A：それに、こうすればもっとよくなるとも言われずにね。

この会話は、敵意や幸福感を生みだす言葉の力を描いている。この会話の核心は、わたしたちの反応（言葉や気持ち）が、家庭の雰囲気を大きく変えるということだ。

気持ちを理解していると伝えよう

子どもがある出来事について話したり質問したりした場合、出来事そのものではなく、そこに含まれる関係に反応したほうがいい場合が多い。

六歳のフローラは、「最近、お兄ちゃんのほうが私よりたくさんプレゼントをもらってる」と不満をもらした。母親はその不満を否定しなかった。年上の兄のほうがたくさんもらって当然だとも言わなかったし、これからは公平にすると約束もしなかった。子どもが、贈り物の大きさや数よりも、親との関係の深さに関心があることを知っていたのだ。

「あなたは、ママがお兄ちゃんと同じぐらいあなたを愛しているかどうかが心配なんでしょう？」と言い、それ以上何も言わずにフローラを抱きしめた。フローラは驚きとうれしさで満面の笑みを浮かべた。こうして、際限のない口論になったかもしれない会話は終わった。

子どもの多くの質問の裏には、確認したいという欲求がある。そのような質問にたいする最良の答えは、変わることのない関係を保証してやることだ。

子どもが家に帰ってきて、友だちや先生、学校生活のことについて不平を言ったら、**事実を確かめようとするより、子どもの気持ちに反応したほうがいい。**

十歳のハロルドは不機嫌な顔で家に帰ってきた。

ハロルド：ひどいよ！　先生がぼくのことを嘘つきって言ったんだ。宿題を忘れたと言っただけでだよ。それにぼくのことどなったんだ！　母さんに手紙を書くって言ってたよ。

母親：不愉快な一日だったわね。

ハロルド：ほんとだよ。

母親：クラス全員の前で嘘つき呼ばわりされるなんて、きっととてもばつが悪かったでしょうね。

ハロルド：そうなんだよ。

母親：心のなかで先生なんていなくなればいいと思ったでしょう！
ハロルド：そのとおりだよ！　でも、どうしてわかったの？
母親：だって、だれかにいやな思いをさせられたら、みんなそう思うもの。
ハロルド：ほんと？　ああ、よかった。

自分の感情が人間としてあたりまえの反応だと知るのは、子どもにとって深い慰めになる。そのことを伝えるには、かれらを理解してやるのがいちばんだ。

子どもが自分自身のことについて何か言った場合、同意したり異議をはさんだりするより、理解していることを示す具体的な言葉をかけたほうが好ましいことが多い。

子どもが「私、算数ができないの」と言った場合、「そうね、あなたは数字に弱いわね」と言っても助けにならない。子どもの意見を否定したり、安易なアドバイスをしたりするのも同様に役に立たない。「もっと勉強すれば、できるようになるわよ」といったせっかちな助言は、子どもの自尊心を傷つけるだけだ。

次のような言い方をすれば、「私、算数ができないの」という子どもの発言を真摯《しんし》に受けとめ、理解を示すことができる。

「算数は簡単な科目じゃないものね」

「問題が解けないと、自分がバカみたいな気がするわよね」

「算数の時間がくると、早く終わらないかなって思うでしょう」

「悪い成績をとるのがこわいんじゃない？」

「わたしたちをがっかりさせるのが心配なんでしょう」

「あなたが最善を尽くしてることはわかってるわ」


十二歳のある女の子は、かんばしくない成績表をもって家に帰ったとき、父親が理解のある言葉をかけてくれたのが、このうえなくうれしかったと話してくれた。そのとき彼女は心のなかで、父親の信頼に応えなければ、と思ったという。

ほとんどの親は、息子や娘が「自分はバカだ」と明言するのを聞いたことがある。自分の子どもがバカではないのを知っている親は、次の父親のように、子どもが利口であることを本人に納得させようとする。

チャールズ：ぼくはバカだよ。
父親：おまえはバカじゃない。

チャールズ：ううん、バカだよ。
父親：そうじゃない。キャンプでおまえがいかに賢かったか覚えてるだろう？
カウンセラーは、おまえがとても利口な子だと思ったんだぞ。
チャールズ：彼が思ったことがどうしてわかるの？
父親：私にそう言ったんだ。
チャールズ：じゃあ、どうして彼はいつもぼくをバカ呼ばわりするのさ？
父親：冗談で言ってるだけさ。
チャールズ：ぼくはバカだよ。わかってるんだ。学校の成績を見てごらんよ。
父親：もっと勉強しさえすればいいんだ。
チャールズ：一生懸命勉強してるんだけど、だめなんだ。脳が空っぽなのさ。
父親：おまえが賢いことは私が知ってる。
チャールズ：自分がバカなのをぼくは知ってるんだ。
父親（大声で）：おまえはバカじゃない！
チャールズ：いや、バカだよ！
父親：おまえはバカじゃない、このバカ者！

子どもが自分をバカだとか醜いとか性格が悪いと言った場合、わたしたちが何を言っても、また、何をしても、子どもの自己イメージをすぐに変えることはできない。身にしみこんだ自己イメージは、直接変えようとしても、なかなか変わらない。

子どもが自分に否定的なことを言った場合、わたしたちがそれを打ち消したり異議を唱えたりしても、子どもにとってはほとんど役に立たない。子どもはますます意固《いこ》地《じ》になって、自分の信念を主張するだけだ。わたしたちにできる最良の手助けは、そのときの気持ちだけでなく、それが具体的に何を意味するかを理解し、フィードバックしてやることだ。例を示そう。

アイヴァン：ぼくはバカだよ。
父親（真剣に）：おまえはほんとうにそう感じてるんだね？　自分を賢いとは思ってないんだな。
アイヴァン：そうさ。
父親：じゃあ、心のなかでずいぶん苦しんでるんだろう？
アイヴァン：うん。
父親：学校にいると心配なことが多いだろうな。落第したり悪い成績をとったりするんじゃないかと心配だろう。先生に名前を呼ばれると混乱して、答えがわかってても、すぐに出てこないんじゃないか。ヘンなことを言うのがこわいんだよ。それで先生にしかられたり、みんなに笑われたりするんじゃないかって。だから何も言わずにいるんだ。何か言って、みんなに笑われたことがあるんじゃないのか。自分がバカに思えて、傷ついて、腹も立っただろう（この時点で、子どもが自分の体験を話してくれるかもしれない）。

父親：いいかい。私の目には、おまえは立派な人間に見える。だけど、おまえは自分自身について、別な見方をしている。

この会話はその場で子どもの自己イメージを変えることはないかもしれない。しかし、自分が無能だという考えを疑う種を、子どもに植えつけるかもしれない。子どもは自分のなかでこう考えるだろう。もし父親が自分を理解し、立派な人間だと考えているなら、自分はもしかしてそれほど価値のない人間ではないのかもしれない、と。そのような会話が生む親密さから、息子は父親の信頼に応えようという気になるかもしれない。そして、最終的に息子は自分のなかに、より希望のある答えを見出すだろう。

子どもが「私は運がよかったことがない」と言ったら、反論したり説明したりしても、その信念は変わらない。というのも、わたしたちが幸運だった例を一つ出せば、かれらは不運だった例を二つもちだすだけだからだ。わたしたちにできるのは、子どもをそうした信念に導いた感情を、いかに親身に理解しているかを示すことだけだ。

アナベル：私、運がよかったことがないわ。
母親：ほんとうにそう思うの？
アナベル：そう。
母親：じゃあ、ゲームをするとき、心のなかで、きっと勝てないと思うの？ 自分には運がないって。
アナベル：そうなの。まさにそれが私の考えること。
母親：学校で、答えがわかっているときは、先生にあててもらえないだろうって思うとか？
アナベル：そう。
母親：ほかにもたくさん例があるんじゃない？
アナベル：ええ……たとえば……（子どもが例をあげる）

母親：お母さん、あなたが運のことをどう考えているのか興味があるな。あなたが不運だと思うことや、幸運だと思うことが何か起こったら、教えてくれる？それについて話しましょう。

この会話は、自分が不運だという子どもの信念を変えることはないかもしれない。けれども、理解ある母親をもてたことの幸運は伝わるだろう。

否定的な感情を受け入れよう

子どもは、わたしたちを愛すると同時に恨んでいる。親や先生だけではなく、自分に権力をふるうすべての人に二通りの感情を抱いているのだ。

大人は、同時に相反する感情を抱くことが人生ではよくある事実だということを、なかなか受け入れられない。自分のなかにそうした葛藤《かっとう》があるのを好まないし、子どもがそうした葛藤を抱くことに耐えられない。人にたいして相反する感情を抱くのは、本質的にまちがっていると考える。とくに家族にたいしてはそうだ。

わたしたちは、自分自身や子どものなかに相反する感情があることを受け入れるべきだ。子どもは不要な葛藤を避けるために、そのような感情が正常で自然なものだと知る必要がある。わたしたちはそのような感情を認め、口に出して言うことで、子どもから罪の意識や不安を取り除けるのだ。

「あなたは先生に二つの気持ちを感じてるみたいね。先生が好きだけど、嫌いでもあるのよ」
「あなたはお兄ちゃんのこと、二通りに感じてるみたいね。お兄ちゃんはすごいと思ってるんだけど、いやだなとも思っているのよ」
「おまえはキャンプについて、二つの別々の気持ちがあるんだ。行きたいという気持ちと、家にいたいという気持ちだよ」

子どもが相反する感情を抱いていたら、批判せずに穏やかに認めてやれば、子どもの助けになる。混乱した感情でも理解されるということが、伝わるからだ。ある子どもが言ったように、「もし自分の混乱した感情が理解されるのなら、それほどは混乱していない」ことになる。いっぽう、次のような言葉はまったく助けにならない。「まったく！　おまえは混乱してるよ！　その友だちが好きかと思うと、恨んでもいる。どっちなのか、はっきりしなさい！」

人間の真実をありのままに見れば、「愛があるところ、ある程度の憎しみもある」「称賛があるところ、ある程度のねたみもある」「献身があるところ、ある程度の敵意もある」「成功があるところ、ある程度の不安もある」という可能性を認めるだろう。あらゆる感情（否定的なもの、肯定的なもの、相反するものすべて）が正当だということを理解するのは、偉大な知恵である。

しかしそのような考えは、受け入れるのがむずかしい。わたしたちは、それとは正反対の見方をするよう教育されてきた。否定的感情は「悪い」ものであり、感じるべきではない、あるいは恥ずべきものだと教えられてきた。

新しいアプローチでは、善悪を評価できるのは現実の行動だけであり、想像上の行動には善悪の評価を下せないという立場をとる。非難や称賛が可能なのは行為のみで、**感情は非難も称賛もできないし、するべきでもない**。感情の評価や空想の検閲《けんえつ》は、個人の自由と心の健康に害をもたらす。

感情はわたしたちの遺伝的遺産の一部だ。魚は泳ぎ、鳥は飛び、人は感じる。わたしたちは幸せなときもあれば、幸せでないときもある。でもときには、怒りや不安、悲しみや喜び、貪欲《どんよく》や罪の意識、肉欲やあざけり、歓喜や嫌悪を覚えることがかならずある。

わたしたちは自分のなかに湧きおこる感情を自由に選べないが、それらがどんなものかを知っていれば、いつどんなふうにそれらを表現するかは自由に決められる。それが問題の核心である。多くの人たちは、自分がどんな感情を抱いているか気づけないような教育をされてきた。たとえば、憎しみを感じると、ただあまり好きではないだけだと言われた。恐れを感じると、恐れるものなど何もないと言われた。痛みを感じると、勇気をもって笑顔でいろと忠告された。そして、わたしたちの多くは幸せでもないのに、幸せなふりをするよう教えられてきた。

そうした「ふり」に取って代わるべきものは何だろう？

真実である。

情操教育では、子どもが自分の感じているものを知る手助けをすることができる。自分がなぜそう感じているかを知るより、自分が何を感じているかを知るほうが、子どもにとっては重要だ。自分が感じているものがはっきりわかれば、心のなかの混乱が少なくなるだろう。

子どもが自分の感情を理解するのを助けよう

子どもは、鏡に映った姿を見て、自分の外観がどのようなものかを知る。同様に、自分の感情を映しだす言葉を聞くことによって、自分の感情がどのようなものかを知るのだ。鏡の働きは、おべっかやごまかしを加えずに、あるがままの姿を映しだすことにある。わたしたちは、自分にこんなふうに言う鏡を求めてはいない。「おまえはひどい姿だ。目は血走っているし、顔はむくんでいる。どこから見てもだらしがない。なんとかしたほうがいいぞ」

そんな魔法の鏡は見たくもないだろう。わたしたちが鏡に求めるのは、説教ではなく、自分の姿だ。わたしたちはその姿を好きになれないかもしれないが、それをどう飾るかは自分で決めるだろう。

同じように、感情の鏡の働きは、感情をゆがめることなくあるがままに映しだすことだ。

「おまえはとても怒っているようだ」
「おまえは彼を非常に嫌っているように聞こえる」
「おまえは何もかもいやになってるようだね」

そういう感情を抱いている子どもにとって、このような言葉は非常に役に立つ。それらは、子どもがどんな感情を抱いているかをはっきりと示してくれる。姿見にしろ、感情的な鏡にしろ、それらを通して自分の姿がはっきりわかれば、それをどう整えればいいかは自分で考えられるようになる。

わたしたちはだれでも、心の痛み、怒り、恐れ、混乱、悲しみなどを感じてきた。強い感情に突き動かされているときには、自分の言うことに耳を傾け、理解してくれる人ほど慰めや助けになるものはない。大人にとって真実であることは子どもたちにとっても真実だ。思いやりのあるコミュニケーションでは、理解という癒《いや》しの鎮痛剤が、批判、説教、忠告に取って代わる。

子どもが悩んだり、恐れたり、混乱したり、悲しんだりすると、わたしたちは自然に、急いで判断を下し、忠告する。それには、たとえ意図しなくても、「あなたは頭が悪いから、どうすべきかわからないのだ」という明確なメッセージがこめられている。すでにある苦しみに、さらなる辱めを加えるのだ。

もっといい方法がある。じっくり時間をかけ、思いやりをもって子どもを理解してやれば、次のようなまったく異なるメッセージを送ることになる。「あなたは私にとって大切な存在だから、あなたの気持ちを理解したい」

そしてその重要なメッセージは、次のように元気づけるものなのだ。「穏やかな気持ちでいれば、あなたは自分で最良の解決案を見つけられる」

〈2章〉

子どものためになるほめ方と怒り方

心理療法では子どもに向かって、「きみはいい子だ」とか「すばらしい」などとは言わない。評価を下すような称賛は避けるのだ。

なぜか？

子どもの助けにならないからだ。

そうした言葉は不安を生み、依存を招き寄せ、子どもを防衛的にさせる。また自主性や自信を育むことにもつながらない。なぜなら、自主性や自信は他者の判断によってではなく、内的な動機や評価によって育まれるものだからだ。

子どもは評価を下す称賛のプレッシャーから自由でなければならない。さもないと、子どもは他者からの承認を必要とする存在になってしまう。

ほめるのは子どもにとってよくないこと？

感謝祭の週末が終わった日の朝のこと。その家族はピッツバーグからニューヨークへと戻る車のなかにいた。後部座席にすわっていた六歳のロンは、静かに物思いにふけっていた。その落ち着きが称賛に値すると思った母親は、車がちょうどリンカーン・トンネルに入ったとき、ロンのほうを向いて言った。「あなた、ほんとうにいい子ね、ロン。とっても行儀がいいわ」

その直後、ロンは車の灰皿を引き出して中身を親たちの上にぶちまけた。タバコの吸い差しが落ち、灰が車内に降りつづけ、家族はむせ返った。母親は怒り心頭に発したが、彼女を困惑《こんわく》させたのは、ロンがほめられた直後にそうしたふるまいにおよんだことだった。もう、ほめるのは子どもによくないことなの？　と母親は自問した。

数週間たって、ロンは突然悪さをした理由を自分から明かした。彼は、前の座席にすわっている両親のあいだに弟が気持ちよさそうに寝ているのを見て、どうすれば弟を追いだせるかを考えていた。その結果、車が真ん中から折れ曲がれば、自分と両親は無事だが、赤ん坊は二つに切断されるだろうという考えが浮かんだ。ちょうどそのとき、母親に行儀がいいとほめられたのだ。ほめられたロンは罪の意識を感じ、自分が称賛に値しないことを示そうとした。そこで周囲を見まわし、灰皿を見つけたので、それをひっくり返したというわけだった。

●いいことをしたからといって、いい人間になるわけではない

ほめれば子どもに自信がつき、安心感を覚えるようになると、たいていの人は信じている。しかし現実には、子どもを緊張させ、無作法なふるまいに導く可能性がある。

なぜだろう?

多くの子どもは、ときに、家族の一員に破壊的な願望をもつ。親が子どもに「おまえはほんとうにいい子ね」と言うと、子どもはそれを受け入れられない。なぜなら、それとはまったく異なる自己イメージを抱いているからだ。

たとえば、その子は最近、母親がいなくなればいいと思ったり、兄弟が週末に入院してくれればいいと思ったりしたかもしれない。とすれば、とても自分が「いい子」だとは思えない。実際、そのような子は、ほめられればほめられるほど「ほんとうの自分」を示すために悪さをする。無作法なふるまいは、自分にかぶせられたイメージにたいする、子どもからの疑問の表明という可能性もある。

利口だとほめられた子が、自分の高い評判を落としたくないばかりに、むずかしい課題に挑戦しなくなる、ということはめずらしくない。反対に、自分の努力をほめられた子は、困難な課題にもっと取り組むようになる。

●いいほめ方と悪いほめ方

ほめることは薬の投与と同じで、ルールや注意を必要とする。もっとも重要なルールは、ほめる対象は子どもの努力や成果であって、性格や人格ではないということだ。たとえば子どもが庭掃除をしたとしよう。その場合、子どもがいかに一生懸命に働いたかということや、庭がとてもきれいになったということについてコメントするのは、ごく自然なことだ。

いっぽう、その子に向かって「あなたはいい子ね」と言うのは、まったく的はずれで不適切である。ほめ言葉は、子どもの人格の歪曲《わいきょく》されたイメージではなく、子どもが現実に成しとげたことを反映しなければならない。

次に紹介するのは、好ましいほめ方の例だ。八歳のジュリーは庭を掃除するために一生懸命働いた。落ち葉を熊手でかき集め、ゴミを捨て、道具をきちんとかたづけた。母親は感心し、娘の努力とその成果をほめた。

母親：庭はとてもよごれてたから、一日できれいにできるとは思えなかったのに。
ジュリー：私がやったの！
母親：落ち葉やゴミがたくさんあったし、物が散らかってたのにね。

ジュリー：私、全部かたづけたよ。
母親：ずいぶんがんばったわね！
ジュリー：うん、がんばった。
母親：庭がきれいになったから、眺めるのが楽しいわ。
ジュリー：すてきだね。
母親：あなたの晴れやかな顔を見れば、あなたがいかに誇らしく思っているかがわかるわ。ありがとう。
ジュリー（満面の笑みで）：どういたしまして。

母親の言葉を聞いて、ジュリーは自分がした努力を喜び、自分が成しとげたことを誇らしく思った。その晩は父親の帰宅を心待ちにし、父が帰ってくるなり掃除した庭を見せて、うまくやった自分の仕事にふたたび誇りを感じた。
右の例とは対照的な、子どもの性格に言及するほめ言葉は助けにならない。

「あなたはほんとうにすばらしい娘だわ」
「あなたはまるでお母さんのちいさな助手ね」

「お母さん、あなたがいなかったら、どうしよう」

このような賛辞は子どもを脅《おびや》かし、不安にさせる可能性がある。子どもは、自分がすばらしい娘とはほど遠いと感じ、そのようなレッテルに応えることができないと思うかもしれない。それゆえ、自分がレッテルどおりではないことが暴露《ばくろ》されるのをびくびくしながら待つより、無作法なふるまいをして負担を減らそうと決心するかもしれない。

性格を直接ほめられるのは、直射日光をまともに受けるのと同じで、まぶしすぎて不快なのだ。「あなたはすばらしい」「天使みたい」「心が広い」「謙虚だ」などと言われると、人は当惑し、**ほめられたことの一部でも否定せずにはいられない気持ちになる**。そんなとき、子どもは公然と「ありがとう。あなたの言うとおり、私はすばらしいの」と言えないだけでなく、自分でも、そのような賛辞は拒絶せずにはいられない。自分自身に向かって正直に、「私はすばらしい人間だ。善良で芯《しん》が強いし、心が広く、謙虚だ」などと言える子はいないのだ。

子どもはそうしたほめ言葉を拒絶するだけではなく、自分をほめた人間をちがう目で見るようになるかもしれない。もしその人の目に自分がそんなにすばらしく映るのなら、その目は節穴《ふしあな》だと思うかもしれないのだ。

●ほめるプロセスを学ぶ

ほめることは二つの部分から成り立っている。**わたしたちが子どもに言うことと、子どもがそれを聞いて自分自身に言うことだ。**

ほめるときには、子どもがしたこと（努力、手伝い、仕事、心遣い、創造、達成など）の何をわたしたちが気に入り、評価しているかをはっきり言う。また、わたしたちの言ったことから、子どもが確実に自分の性格について現実的な結論を引きだせるようにする。わたしたちの言葉は、子どもが肯定的な自己イメージを描かずにはいられない、魔法のキャンバスでなければならない。

八歳のケニーは、父親が地下室を改装するのを手伝い、その過程で重い家具を動かさなければならなかった。

父親：作業台はとっても重い。動かすのが大変だ。
ケニー（誇らしげに）：でも、ぼく、動かしたよ。
父親：相当な力がいるな。

ケニー（力こぶをつくって）：ぼく、強いんだ。

この例では、ケニーの父親は仕事の大変さについて述べた。自分には力があるという結論を下したのはケニー本人だった。もし父親が「おまえはとても強いな」と言っていたら、ケニーは、「ううん、そんなことはないよ。ぼくのクラスにはぼくよりもっと力の強い子がいるもの」と答えていたかもしれない。その後、不毛な言いあいがつづいただろう。

子どもたちは、ほめられてもうれしくないのだろうか？　もちろん、そうではない。ただ、ほとんどの人がそうであるように、**評価されるのが好きではない**のだ。

わたしたちを愛していると言っている人が、月末ごとに、わたしたちにこんな評価を下したらどうだろう？「キスはAだけど、ハグの仕方はBだ。でも愛し方はAプラスだよ」とうてい愛されているとは思えないだろう。

それよりいいのは、喜びや称賛をこまかく述べる描写、努力を認めていることを伝える言葉、敬意と理解を伝える発言などだ。

例をあげよう。レスターの母親はある午後、息子がサッカーをしているところを見た。試合のあと、息子の技術やプレーに感銘を受けたことを、レスターにこまかく語ってきかせた。「あなたがサッカーをするのを見てるのは楽しかったわ。とくに最後の十秒。あなた、点数を入れるチャンスだと思ったんでしょう。だから、ディフェンス・ポジションから相手ゴール近くまで走って、勝利のゴールをセッティングしたのよね。あのときはきっと誇らしかったでしょうね！」

「きっと誇らしかったでしょうね」とつけ加えたのは、息子にプライドを育んでもらいたかったからだ。

父親が六歳になる娘、ジェニファーに、落ち葉をかき集めたあと、それを山積みにするのを手伝ってくれと頼んだ。作業が終わると、父親は落ち葉の山を指差して言った。「一、二、三、四、五、六！　三十分で六つの山だ！　どうしてそんなに早くできたんだい？」

その晩、ジェニファーは父親におやすみを言うときに、こうたずねた。「パパ、私のつくった落ち葉の山をどう思ったか、また聞かせてくれない？」

ほめるとき、子どもがしたことを具体的にわかりやすく描写してやるのには努力がいるが、子どもの性格を評価するより、具体的な情報や感謝のほうが子どもにとってはためになる。次に例をあげよう。

子どものためになるほめ方：車を洗ってくれてありがとう。まるで新車みたいにきれいだ。
子どもが思うこと：ぼくはいい仕事をした。ぼくのしたことが感謝されている。
（**子どものためにならないほめ方**：おまえは天使だよ）

子どものためになるほめ方：おまえのお見舞い状が気に入ったよ。すごくきれいで気が利いてる。
子どもが思うこと：私の趣味はいいのね。自分の選択に自信をもってもいいんだ。
（**子どものためにならないほめ方**：おまえはいつでも気が利くよ）

子どものためになるほめ方：あなたの手紙を読んですごくうれしかったわ。
子どもが思うこと：私は人を幸せにできる。
（**子どものためにならないほめ方**：あなたは卓越した文章家ね）

子どものためになるほめ方：今日、お皿を洗ってくれてとても感謝してるわ。
子どもが思うこと：私は責任を果たせる。

（子どものためにならないほめ方：あなたはだれよりもじょうずにやってくれたわ）

子どものためになるほめ方：あなたにお金を払いすぎたことを教えてくれてありがとう。すごく感謝してるわ。

子どもが思うこと：正直に言ってよかった。

（子どものためにならないほめ方：あなたはほんとうに正直な子ね）

子どものためになるほめ方：おまえの作文には、新しいアイディアがいくつももりこまれてるな。

子どもが思うこと：ぼくは独創的になれるんだ。

（子どものためにならないほめ方：おまえの学年にしてはよく書けてるよ。もちろん、まだ学ぶべきことはたくさんあるけどな）

親が子どもの何を評価しているかを具体的に述べ、子どもがそれを聞いて、肯定的な自己イメージをつくりあげていくことが、心の健康を支える土台になっていく。子どもは、わたしたちの言葉に応じて導きだした自分についての結論を、あとで何度も心のなかでくりかえす。そして、心のなかでくりかえされる現実的で肯定的な見方が、自分自身や周囲の世界にたいする肯定的な見方を育んでいくのだ。

子どもを批判するのではなく導こう

批判と、評価にもとづく賛辞とは、同じコインの裏表である。両者ともに断定的なのだ。心理学者は断定するのを避けるため、批判して子どもを動かすのではなく、導きを用いる。批判する場合、親は子どもの気質や性格を攻撃する。導く場合には問題の所在を明らかにし、可能な解決案を提示する。子ども自身については何も言わない。

八歳のメアリーが誤ってジュースをこぼしたとき、母親は穏やかな口調でこう言った。

「ジュースがこぼれたわ。もう一杯もってきてあげる。ふきんもね」母親は立ちあがってジュースとふきんをもってくると、娘に手渡した。メアリーはほっとすると同時に信じられないような顔で母を見上げると、「ありがとう、ママ」とつぶやいた。メアリーは母に手伝ってもらってテーブルをきれいに拭《ふ》いた。母親は感情を傷つけるようなことは何も言わなかったし、無駄な忠告もしなかった。

メアリーの母親はこう述べている。「『これからは気をつけるのよ』と言いたい誘惑にかられましたが、私が何も言わずにいるのをとても感謝しているようだったので、そのまま黙っていました」

まちがいが起こったとき、その人の性格を直してやろうとするのは適切ではない。そのようなときには、人間ではなく、もっぱら出来事に対応するのがいちばんいい。

あなたが愛する人とドライブしている最中、まちがったところで曲がってしまったとしよう。「どうして変なところで曲がったんだい？　標識が見えなかったのかい？　だれにでも見えるような大きな標識があったろう」と言われたら、はたして助けになるだろうか？　その瞬間、あなたは大きな愛を感じるだろうか？「愛する人を喜ばせたいから、運転の技術や標識を読む技術をもっと高めよう」と思うだろうか？　あるいは、同じような口調で言い返したい誘惑にかられるだろうか？

どのように言われれば、あなたの助けになるだろう？「まったく頭にくるよなあ！」という共感だろうか？　もしかしたら、「ここから十一マイル先に出口があるよ」という単純な情報が助けになるかもしれない。

まちがいが起こったら、反応しないで対応しよう

どこの家庭でも、親子げんかはだいたい同じようなパターンでエスカレートしていく。まず、子どもが何か悪いことをしたり、言ったりする。親はそれに反応して、子どもを辱めるようなことをする。子どもはさらに悪いことをしてそれに応える。親は甲高い脅し文句や高圧的な罰でやり返す。そして大げんかがはじまる。

ある日の朝食の最中、父親が新聞を読んでいるとき、七歳になるナサニエルが空のコップで遊んでいた。

父親：おい、コップが割れるぞ。おまえはいつも物をこわしてるだろう。
ナサニエル：ううん、こわさないよ。
（そのとき、コップが床に落ちて割れた）
父親：ほらみろ、おまえはほんとうにバカだ。家のなかの物をかたっぱしからこわしてる。
ナサニエル：パパだってバカだよ。ママがいちばん大切にしているお皿を割ったもん。

父親：パパにバカと言ったな！　無礼だぞ！
ナサニエル：パパだって無礼だ。最初にぼくにバカと言ったじゃないか。
父親：口答えするんじゃない！　すぐに自分の部屋に行きなさい！
ナサニエル：できるもんなら行かせてみなよ！

息子に真っ向から歯向かわれた父親はかっとなった。息子をつかみ、怒ってたたきはじめた。ナサニエルは逃れようとするはずみで、父親をガラス製のドアに押しつけた。ガラスが割れ、父の手を切った。血を見たナサニエルはパニックにおちいり、家を飛びだして、夜遅くまで帰ってこなかった。家族全員がうろたえ、その晩、だれもよく眠れなかった。

この出来事でナサニエルは傷つき、自分自身にたいしても、父親にたいしても、いい感情を抱けなかっただろう。そのことのほうが、空のコップで遊ばないほうがいいことを彼が学んだかどうかより重要だ。問題は、この戦いが必要だったかどうかだ。けんかは避けられなかったのだろうか？　このような出来事をもっと賢く扱うことは可能だろうか？

息子がコップで遊ぶのを見た父親は、コップを取りあげて、危険が少ないボールのようなもので遊ぶよう指示することもできたはずである。あるいは、コップが割れたとき、息子が破片をかたづけるのを手伝い、「コップはとても割れやすいんだ。あんなに小さなコップでも、割れるとこんなに散らかってしまうなんて、思ってもみなかっただろう？」といった言葉をかけてやれたはずである。

静かな口調でそのような言葉をかけられれば、ナサニエルは自分の失敗を謝る気持ちになったかもしれない。どなられたり、たたかれたりしなければ、コップが遊ぶものではないということを、自分自身で肝《きも》に銘《めい》じていたかもしれない。

●ちょっとした不運と大切な価値

子どもたちはささいな失敗から重要な教訓を学ぶことができる。ただたんに不快でわずらわしい出来事と、悲劇的あるいは壊滅的な出来事を区別することを、子どもは親から学ぶ必要がある。

多くの親は、子どもが誤って卵を割っただけで、足でも折ったかのような大騒ぎをする。また、子どもが窓を割っただけで、一大事のように反応する。そうではなく、親は小さな不運は小さな不運として子どもに指摘すべきだ。「じゃあ、またグローブをなくしたの？　腹立たしいわね。残念だけど、災難というほどではないわ。ちょっとした不運よ」

グローブをなくしたからといってカッカする必要はない。シャツを破ったぐらいでギリシャ悲劇を演じる必要はないのだ。

逆に、不運な出来事は価値観を教える好機になることがある。八歳のダイアナは、指輪にはめこんだ誕生石をなくし、激しく泣きはじめた。それを見て、父親がはっきりと力強くこう言った。「わが家では、石はそれほど大切じゃないんだよ。人や気持ちが大切なんだ。だれでも石をなくすことはあるけど、石は取り替えがきく。私にとって大切なのはおまえの気持ちだ。あの指輪がほんとうに気に入っていたみたいだから、石が見つかるといいな」

親が子どもを批判するのは子どものためにならない。批判は怒りと恨みを生む。なお悪いことに、ひんぱんに批判される子どもは、自分自身や他人を非難することを学んでしまう。子どもたちは自分自身の価値を疑うことを学び、他人の価値を見くびることを学ぶ。また、人を疑うことや、他人の凶運を期待することを覚える。

十一歳のジャスティンは車を洗う約束をしたが、忘れてしまった。決められた時間の瀬戸際になってからやったが、最後までやり終えることができなかった。

父親：やり残しがあるようだな。とくに、てっぺんと左側がまだのようだ。いつやれる？

ジャスティン：今晩できるよ、パパ。

父親：ありがとう。

この父親は、批判するかわりに、息子の名誉を傷つけない情報をあたえ、息子が父親に怒りを覚えることなく仕事をやりとげられるようにした。もし父親が息子を教育したいという思いで批判していたら、ジャスティンはどのように反応しただろう。

父親：車を洗ったのか？

ジャスティン：うん、パパ。

父親：確かだな？

ジャスティン：確かだよ。

父親：それで洗ったと言うのか？　いつものように、遊び半分にやっただけじゃないか。おまえは面白いことばかり求めてる。それで世渡りしていけると思ってるのか？　そんないい加減な仕事をしてたら、勤めだって一日ももたないぞ。おまえは無責任だ。よく覚えておけ！

九歳のバーバラの母親も、批判せずに娘に対応する方法を知らなかった。ある日、バーバラは怒って学校から帰ってくるなり、こう嘆いた。「今日はさんざんだったわ。本は水たまりに落ちるし、男の子たちにはいびられっぱなしだし、スニーカーまで盗まれたのよ」

母親は娘の気持ちをくみとるかわりに、こう批判した。「どうしてさんざんな目にあったの？　どうしてみんなみたいになれないの？　あなたの何がいけないのかしら？」

バーバラは泣きだした。

どう言えば、バーバラの気持ちを軽くできただろう？　バーバラのつらかった一日を、同情をもって認めてやるだけでよかったのだ。「あら、そうなの、つらい一日だったわね」と。

罵倒の言葉は子どもに害をおよぼす

毒矢のような罵倒《ばとう》の言葉は子どもに向かって使うべきではない。たとえばだれかが「これは醜い椅子だ」と言っても、椅子には何も起こらない。椅子は辱められることもないし当惑することもない。どんな形容をされようが、椅子は椅子でありつづける。けれども子どもは、醜いとかバカだとか不器用だとか言われると、何かが起こる。子どもの心にも魂にも反応が起こるのだ。恨みや怒りや憎しみが湧きおこる。そして、復讐したいという幻想を抱く。その結果、好ましくない行動や、やっかいな症状が表面化する場合がある。

言葉による攻撃は、親子をともにみじめにさせる連鎖反応を生みだす。

不器用だと言われた子どもは最初、「いや、ぼくは不器用なんかじゃない」と口答えするかもしれない。けれど、ひんぱんにそう言われると、やがては親の言うことを信じ、自分は不器用な人間だと思いこむようになる。そんな子が何かにつまずいたりころんだりすると、自分に向かって「おまえは不器用だ！」と叫ぶかもしれない。そ れ以降、機敏《きびん》さが要求される事態を避けるようになるかもしれない。自分は不器用すぎてうまくできないと思いこむからだ。

親や教師にくりかえし「頭が悪い」と言われると、子どもはそれを信じるようになり、自分をバカだと思いはじめる。すると、知的な努力をあきらめる。他人にあざけられないように、競いあうのはやめようと思うのだ。そのような子どもは挑戦しないことによって自分の安定を得ようとする。そのとき人生のモットーは、「挑戦しなければ失敗もない」となる。

その破壊的な効果に気づかず、本人がいる前で否定的な発言や子どもをけなす発言をする親が多いのには驚かされる。いくつか例をあげてみよう。

「あの子は生まれ落ちた瞬間から、手間ばかりかかる子だったわ。ずっとそうなの」

「あの娘は母親にそっくりだ。とにかく頑固なんだ。自分のしたいようにする。おれたちの言うことなんか聞かないさ」

「あのかわいい子は私のことを一瞬たりとも休ませてくれないの。何をしでかすかわからないのよ。あの子をずっと見守っていなくちゃならないわ」

不幸なことに、子どもたちはこうした親の言葉を真《ま》に受ける。小さな子どもは、親の言うことを聞いて、自分がどんな人間で、何になれるかを推し量る。子どもが、自分は価値のある人間だという感覚を育むためには、自分についての肯定的な発言を直接、間接に聞く必要がある。

皮肉にも、多くの親は子どもの欠点を指摘するのはやさしいが、長所を指摘するのはむずかしいと感じている。けれども、自分の子どもに物おじしない自信をもった子に育ってほしかったら、ことあるごとに肯定的な面を強調し、子どもをけなすようなコメントは控《ひか》えなければならない。

親も自分の気持ちに正直になろう

子どもはよくいらついたり怒ったりするが、大人は忍耐強く一生懸命理解しようとする。当然大人はやがて息切れし、たとえば子ども部屋のことで堪忍袋の緒を切らす。忍耐は徳だとわたしたちは信じたがるが、はたしてそうだろうか？　もし、忍耐という名の下に、自分のほんとうの気持ちをおおい隠し、興奮していても穏やかなふりをしなければならないのであれば、それは徳ではない。

ほんとうの感情を見せないように育てられてきたわたしたちは、いちじるしく動揺していても、それを表情に出さないことを誇りにする。それを忍耐と呼ぶ人もいる。しかし、子どもたちが親に求めているのは、感情と一致する反応である。**親のほんとうの感情をあらわす言葉を子どもたちは聞きたがっている**のだ。

小さな子どもでも、親に怒られると、「ぼくのこと好きじゃないんだ」というもっとも辛らつな非難を親に浴びせて、自己防衛しようとする。そんなとき、「もちろんあなたのことは大好きよ」と怒った口調で言っても、それは言葉を裏切り、子どもを安心させはしない。親は怒っているときには、愛を感じていない。子どもは愛を求めることで、親を防衛的にさせ、賢明にも親の注意を自分からそらそうとするのだ。

怒っているときには愛する気持ちになれないことを自分に許せる親だけが、防衛的にならずに子どもの非難に答えられる。「いまは愛について話すときじゃないわ。なぜ私が怒っているかを話すときなの」

親の怒りが激しければ激しいほど、子どもは安心させられる必要がある。だが、怒った口調で愛を表現しても、子どもは愛されていると感じない。逆に、子どもはそのとげとげしい声に親の怒りを感じるので、大好きよと言われても混乱するだけだ。怒られても見捨てられるわけではないと知ることが、子どもにとっては大きな助けになる。愛の喪失《そうしつ》は一時的なものにすぎない。怒りがおさまれば、またあらわれる。そう思えるようになることが大切なのだ。

親にも子どもにも益のある怒り方

子どものとき、わたしたちは怒りを人生の一つの事実としてどう受けとめればいいかを教えられなかった。怒りを感じると罪深い気持ちになるよう仕向けられたし、怒りを表に出すと罪深い行為をしたような気分にさせられた。怒ることは悪いことだと信じこまされてきたのだ。

自分の子どもをもつと、わたしたちはひたすら耐えようとする。実際、あまりにその傾向が強すぎて、遅かれ早かれ爆発してしまう。わたしたちは怒りが子どもを傷つけるのを恐れ、素潜《すもぐ》りのダイバーが息を止めるように怒りを抑えこもうとするが、ダイバーにしてもわたしたちにしても、抑える能力には限界があるのだ。

怒りは風邪のように何度でもぶりかえす。好きではなくても、無視はできない。よくわかってはいても、怒りがこみあげてくるのを防げない。怒りは予想しうる状況、予想しうる順序で生じるが、つねに突発的で予想外のように思える。

カッとなると、わたしたちは正気を失ったようなふるまいをする。敵にも言わないようなことを子どもに言ったり、敵にもやらないようなことを子どもにしたりするのだ。わたしたちは子どもをどなりちらし、侮辱し、攻撃する。そのようなことを一通りやったあとで、罪の意識を感じ、二度と同じ過ちをくりかえすまいと固く心に誓う。しかし、怒りはどうしようもなくふたたび襲ってきて、わたしたちの決心をひるがえす。そしてまた、自分の命と財産にかけても幸福にしてやりたいと願っている子どもたちに食ってかかる。

二度と怒るまいという決心ほど不毛なものはない。怒りはハリケーンと同じようにかならず襲ってくる、避けられない人生の事実なのだ。だから、素直に認めて、それに備えなければならない。

家庭の平和を維持したければ、緊張が爆発にいたる前に、緊張を緩和する方法をしっかり身につけなければならない。

感情的に健全な親は、聖人ではない。かれらは自分の怒りを自覚し、敬意を払っている。怒りを一つの情報源や、思いやりを示すものとして活用するのだ。かれらの吐く言葉は感情と一致している。かれらは自分の気持ちを隠さない。

次に紹介する親子のやりとりは、母親が娘を辱めることなく怒りを発散することによって、娘の協力をとりつけた経緯を描いている。

十一歳のジェーンは家に帰ってくるなり、大声で言った。「私、野球ができない。シャツがないもの！」

母親はたとえば、「ブラウスを着なさい」と言って、娘に受け入れ可能な解決案を提示してもよかった。あるいは、ジェーンがシャツをさがすのを手伝ってやることもできただろう。でも、そうするかわりに、自分のほんとうの気持ちを表現することにした。「私、怒ってるわ。頭にきてるのよ。あなたには野球用のシャツを六枚も買ってあげたでしょう。あなたは全部どこかに置き忘れたか、なくしたかしてしまったのよ。あなたのシャツはあなたのタンスに入れておくものなの。そうすれば、必要なときにどこをさがせばいいかわかるでしょう」

ジェーンの母親は娘を辱めずに自分の怒りを表現した。あとでこう述べている。「私は過去の不満をもちだしたり、古傷に触れたりはしませんでした。娘をののしり、注意散漫だとか無責任だとかも言いませんでした。ただ、自分の感じたとおりのことと、今後不快な出来事を避けるために何をしなければならないかを話しただけです」

母親の言葉は、ジェーン自身が解決案を見出すのを助けた。ジェーンは友だちの家や体育館のロッカールームに置き忘れたシャツを、急いでさがしにでかけたのだ。

子どもを教育するときに、親の怒りが重要な役割を果たす場合がある。実際、怒るのが必要な瞬間というものもある。そのような瞬間に怒ることができないと、子どもたちに伝わるのは、親の善良さではなく無関心である。**関心があれば怒りを完全に避けることはできない**。だからといって、子どもが怒りや暴力の洪水《こうずい》に耐えられるということではない。「忍耐にも限界がある」ことを知らせる怒りには、子どもは耐えられるし、理解することもできるのだ。

親たちにとって、怒りはコストの高い感情だ。それだけの犠牲を払うからには、何か益がなければならない。怒りを表現することで、ますます怒りがエスカレートするようなかたちで用いるべきではない。薬が病気を悪くしてはならないのだ。

怒りは、親にはある程度の解放感を、子どもにはある程度の洞察《どうさつ》をもたらすようなかたちで発散されるべきだ。しかも、親にも子にも、有害な副作用が起こらないようにしなければならない。したがって、友だちのいる前で子どもにどなるようなことは、するべきではない。そんなことをすれば、子どものふるまいをますますエスカレートさせ、親はもっと怒りたくなるのが落ちだ。

怒ることの目的は、こちらの言いたいことをはっきりさせ、わだかまりをなくすことであって、怒りや報復の連鎖を生みだすことではない。

怒りを表現する三つのステップ

ストレスのかかる事態に備えるためには、まず次の真実を認めよう。

1　子どもに対処していると、ときどき怒りを感じるという事実を受け入れる。

2　わたしたちには、罪の意識や恥を感じることなく、怒る権利がある。

3　わたしたちには、感じたことを表現する権利がある。ただし、怒りを表現するとき、子どもの人格や性格を攻撃してはならない。

怒りを表現する場合、以上の条件を念頭において、三つのステップを踏まなければならない。

最初のステップは、**動揺した気持ちをはっきり口に出して言うこと**だ。これは、子どもがふるまいを直すための、あるいは用心するための警告となる。たとえば、「私はいやな気持ちがしてる」とか「私はイライラしてる」と言うのだ。

そうしたコメントや、浮かない顔つきが功を奏さなかったら、第二のステップに進む。**「私、怒ってるの」「私、すごく怒ってるの」「私、かんかんに怒ってるのよ」と、怒りを強めながら表現する。**

わたしたちが（説明をいっさい加えずに）自分の感情を述べただけでも、子どもは無作法なふるまいをやめることがある。そうでない場合には、第三のステップに進む必要があるかもしれない。それは、**怒っている理由を説明し、こちらの反応や、とりたい行動を述べる**ものだ。

「靴下やシャツやセーターが床一面に散らかっていたから、カッとなったの。窓を開けて全部通りに放り投げたいわ」

「あなたが弟をたたいたから怒ってるの。頭に血がのぼってどうにかなりそうなくらい。あなたが弟を傷つけるのはぜったいに許せないわ」

「夕食に呼んだのに、あなたがこないから怒ってるの。すごく怒ってる。おいしい食事を用意したんだから、感謝してもらいたいわ、無視するんじゃなくね」

このようなアプローチをとれば、**親は子どもにダメージをあたえることなく怒りを発散できる。**それどころか、怒りの安全な表現の仕方を教えられるかもしれない。子どもは、自分の怒りが破滅的ではなく、だれも傷つけずに発散できることを学ぶだろう。ただたんに親が怒るだけでは、そのような学びは起こらない。親は容認できる感情表現の回路を示し、**怒りを表現する安全な方法をきちんと示してやること**が必要なのだ。

夫婦にとっても侮辱をともなわない怒りの表現は重要だ。ある父親はこんな話をしてくれた。「ある朝、仕事にでかけようとしたら妻がきて、九歳になる息子のハロルドが居間でボール遊びをしていて、また柱時計のガラスを割ったと言いました。私は怒りのあまり、それまで学んだことを忘れて、『今夜、父さんが帰宅するまで待ってなさい。二度と居間でボール遊びをする気にならないよう、とことん懲《こ》らしめてやる！』

と息子に食ってかかりました。玄関までついてきた妻は、レッテルを貼ることが、子どもだけでなく大人にも無力感や怒りをもたらすことに気づかずに、私にこう言ったんです。『まったく、ハロルドになんてバカなことを言ったの！』とね。私は妻を愛しているので、怒りを押し殺して『おまえの言うとおりだな』と答えましたよ。最初は息子だけを怒ってたんですが、バカ呼ばわりされてからは妻にも怒りを感じました。私は息子をどやしつけたことをすでにうしろめたく思っていましたから、わざわざ妻に言われる必要はなかったんです。妻がこう言ってくれていたら、どれほど助けになっていたかわかりません。『二度もガラスを割られるなんて、頭にくるわよね。ハロルドに同じ失敗をくりかえさせないためにはどうしたらいいか考えなきゃ』」

メリッサの父親はもっと幸運だった。彼の妻は夫を怒らせずに影響をおよぼす方法を知っていた。ある晩、七歳のメリッサといっしょに車に乗っているとき、次のような会話が交わされた。

メリッサ：ピザってどういう意味？
父親：ピザだって？　それはパイをあらわすイタリア語さ。
メリッサ：ファーマシーってどういう意味？

父親：ドラッグストアの別名だよ。
メリッサ：銀行ってどういう意味？
父親（怒って）：知ってるだろう。人が自分のお金を預けておくところさ。
メリッサ：昼はどうやって夜になるの？
父親（とても怒って）：まったく質問のしすぎだぞ。太陽が沈むと光がなくなるんだ。
メリッサ：月はどうして車といっしょに動くの？
母親：なんて面白い質問なの！　その質問は何百年も科学者たちを悩ませてきたの。だから月の動きの研究がはじまったって知ってる？
メリッサ（興奮して）：ほんと？　じゃあ、私、科学者になれるわね。図書館に行って、月のことを教えてくれる本をさがしてみる。

こうして質問はとまった。母親は、子どもの質問に答えつづけると次の質問をうながすだけだと知っていた。しかし、それを夫に指摘したいという誘惑に抵抗し、かわりに、娘に直接の答えをあたえないことによって、娘が自分の好奇心を満たす方法を見つけるのを助けられることを示したのだ。

夫が子どもたちにあれこれ指図するのをやめさせようとしていたクリスの母親は、次のような出来事を経験した。ある晩夫婦が、浜辺の別荘のキッチンでワインを飲んでいたとき、テーブルの上にビーチバッグ、ぬれた水着、ビーチボールなどが無造作に置かれているのに夫が気づいた。ふだんなら、怒って、鬼軍曹のように子どもたちにどなりたてるところだった。「物をかたづけろと何度言ったらわかるんだ！　おまえらには脳みそがないのか！　親を何だと思ってんだ？　おまえらの後ろを歩いて物を拾う奴隷《どれい》だとでも思ってるのか？」

ところが、このとき夫は、冷静に見たとおりのことを述べた。「キッチンのテーブルの上に、ビーチバッグ、ぬれた水着、ビーチボールがあるぞ」

すると居間のソファーにいたクリスが、飛びあがって叫んだ。「きっとぼくのだよ」そして、すぐに自分の物を取りにキッチンに駆けこんできた。

クリスが去ったあと、父親は母親に楽しそうな顔をして言った。「思いだしたんだ。うまくいったよ！」

「私は『だからそう言ったでしょ』と言うかわりに、子どもの協力を引きだした言葉に乾杯しました」

怒った子どもに対応する方法

子どもたちは動揺すると、論理的に話しても通じなくなる。怒ると、子どもは感情的な慰めにしか反応しないのだ。

幼い兄妹が地下室で遊んでいた。突然、大きな物音がし、つづいて非難の叫び声が聞こえた。六歳のビリーがカンカンに怒って階段を駆けあがってきて、まくしたてた。「ベッツィがぼくの要塞《ようさい》をひっくり返したんだ」母親は彼に同情して言った。「あら、それはさぞ腹が立ったでしょうね」すると、「うん」と言うなり、クリスは踵《きびす》を返し、また地下室に遊びに行った。

ビリーの母親が、子どもたちの毎日のいさかいに首を突っこまずにすんだのはそれがはじめてだった。彼女は「最初にやったのはだれ?」という致命的な質問をしなかった。もししていたら、息子は腹を立て、復讐心を燃やしていただろう。ビリーの母親は、息子の気分を映しだしてやることによって、子どもたちの裁判官、法の執行人になるのを回避したのだ。

次の例は、かんしゃくを起こした小さな子どもに対処する二つの対照的な方法を示している。一方は怒りを助長し、他方は怒りをやわらげた。

三歳のトムとジムがオモチャの木琴《もっきん》で遊んでいた。ジムのばちが動かなくなり、ジムはかんしゃくを起こして泣き叫んだ。母親はジムをしかって言った。「そんなことで騒ぐんじゃないの。叫ぶのをやめなきゃ直してあげないわよ」それでもジムが泣きやまないので、母親は彼のオモチャを奪った。その後かんしゃくはさらに増した。

いっぽう、トムのばちが動かなくなり、トムが泣きだしたとき、母親は対照的にこう言った。「ばちが動かなくなったから泣いてるのね。直さなきゃね」トムは泣きやんだ。それ以降は、ばちが動かなくなっても、トムは泣かずに母親のところに持ってきた。

ジムの母親がしかり、脅し、責め、罰したのにたいし、トムの母親は問題を明確にし、解決案を提示したのだ。

劇場から戻ってきた十二歳のミリアムは、不機嫌だった。

母親：おもしろくなさそうね。

ミリアム：私、怒ってるの！　席がずっと後ろのほうで、劇がちっとも見えなかったんだもの。

母親：それは怒るのも無理ないわ。そんなに後ろの席じゃ、おもしろくないものね。

ミリアム：そうなの。おまけに、前には背の高い男の人がすわってたの。

母親：踏んだり蹴ったりね。後ろの席で、背の高い人が前にいるなんて！　あんまりじゃない。

ミリアム：そうなのよ。

ミリアムの気分が軽くなったのは、母親が批判も忠告もせずに、ミリアムの気分を認めたからだ。助けにならない質問、たとえば、「どうしてもっと早く行って、いい席を取らなかったの？」とか「その背の高い男の人に席を換えてくださいって言えばよかったんじゃない？」といった質問はしなかった。娘が怒りをやわらげる手助けに専念したのだ。

腹立たしい感情を子どもに映し返す、親の同情と理解を示す心のこもった反応は、子どもたちの怒りをしずめる効果がある。

書かれた言葉にも、怒りの爆発によって起こる感情的なショックを癒す大きな効果がある。親子ともに、書くことで自分の感情を表現するといい。形式はeメールでも手紙でもかまわない。

ある晩、十三歳のトルーディは母親を侮辱する言葉を吐いた。母親が自分の部屋に入って机の鍵を開け、日記を読んだと言って責めたのだ。それが誤解だったと知ったトルーディは、手紙を書いて謝る決心をした。

親愛なるお母さん、私は道義的に最悪のことをしてしまいました。お母さんを責めて、気分を損《そこ》ね、みじめな気持ちにさせてしまったのです。私は自分を恥ずかしく思っています。これまでは自分のことが好きでしたが、いまは嫌いです。

トルーディより

トルーディの母親は、その出来事がトルーディの肯定的な自己イメージを粉砕《ふんさい》してしまったことに気づき、不安になった。そこで、トルーディの愛すべき自己を回復させてやるために、時間をかけて一通の手紙を書いた。

最愛のトルーディ。あなたのつらい不幸な気持ちを教えてくれてありがとう。このまえの晩に起こったことは、わたしたち二人にとってつらかったけれど、悲劇的というほどではありません。あなたにたいする私の気持ちに少しも変わりがないことを、知ってもらいたいのです。あなたのことは、これまでと同じように、ときどき動揺したり怒ったりすることもある愛すべき人間だと思っています。あなたが心の底から自分を許し、自分のことをふたたび好きになれるよう祈っています。

母より

この母親は、怒りが必ずしも、自分や他人を愛する気持ちを変えるわけではないことを、娘に保証し、娘の気持ちを楽にしてやった。

言葉は一方で、つくりあげたり、活力を吹きこんだりする力を、他方で、脅かしたり、打撃をあたえたりする力をもっている。子どもたちの努力を認めてほめてやれば、子どもたちが希望をふくらませ、自信を育む助けになる。反対に、子どもを評価すれば、子どもの不安や抵抗をかきたてることになる。否定的なレッテル（「のろま」「バカ」「いじわる」など）が子どもにダメージをあたえることは当然と思えるだろう。しかし、**肯定的なレッテル**（**「すばらしい」「完璧」「最高」など**）**でさえ子どもを無能にしうる**というのは意外にも事実なのだ。

問題があれば、責めたり批判したりするのではなく、解決策をさがすことが必要だ。

避けられない怒りでさえ、レッテルを貼ったり責めたりせずに、表現することができる。こうした思いやりのあるコミュニケーション・スキルの裏には、子どもを深く尊重する気持ちがある。

〈3章〉
この言い方が事態を悪化させる

子どもたちとのかかわり方には、いくつか自滅的なパターンがある。それらは長期の目標を達成できないばかりか、しばしば家庭に大惨事をもたらす。そうしたかかわり方には、脅し、取引、約束、いやみ、心ない言葉、嘘や盗みについての説教、礼儀正しさを教える無作法なやり方などがふくまれている。

脅し――無作法への誘い

子どもにとって脅しは、禁じられた行為をくりかえす誘いになる。「もし、それをもう一度やったら」と言われると、「それをもう一度やってごらん」というふうに聞こえてしまう。「ママはぼくがそれをもう一度やるのを期待している。やらなかったら、がっかりするだろう」と解釈することさえある。そのような警告は――大人には正当に思えるかもしれないが――有害無益といえる。不愉快な行為がくりかえされる引き金になるからだ。

警告は子どもたちの自主性を逆なでする。少しでも自尊心のある子どもなら、自分がその挑戦を受けて立てることを自他に示すため、ふたたび命令にそむかずにはいられない。

五歳のオリバーはたびたびの警告にもかかわらず、居間の窓にくりかえしボールを投げつけていた。しまいに父親はこう言った。「もう一度ボールが窓にあたったら、おまえをぶちのめすぞ。嘘じゃないぞ」一分後、ガラスが割れる音がし、オリバーの父親は自分の警告の効果を知った。警告通りボールがガラスにあたったのだ。

これとは対照的に、次のエピソードは、脅しに訴えずに悪さに対処している。

七歳のピーターが、弟の赤ん坊に向かって紙鉄砲を撃った。それにたいして母親はこう言った。「赤ん坊じゃなく、的《まと》を撃ちなさい」ピーターがふたたび赤ん坊を撃った。母親はピーターから紙鉄砲を取りあげて言った。「人間は射撃の的じゃないのよ」

ピーターの母親は赤ん坊を守るためにしなければならないことをすると同時に、容認できる行動の指針を示した。息子は自尊心を傷つけられることなく、自分の行動の結果を学んだ。選択肢は明白だった。的を撃つか、紙鉄砲をもつ権利を失うか、だ。

この出来事では、ピーターの母親はよくある罠《わな》にはまらなかった。次のように言って騒ぎを大きくする道に踏みださなかったのだ。「やめなさい、ピーター！　弟を撃つよりましなことを知らないの？　もう一回やったら、いい、あと一回でもやったら、二度と紙鉄砲を見られなくしてやるわよ！」
子どもが非常に従順なら話は別だが、このような警告にたいする子どもの反応は、たいていは禁じられた行為のくりかえしになる。その後につづく場面は説明するまでもないだろう。

わいろ――「もし……したら」の誤り

「もし……したら（あるいは、しなかったら）、ごほうびをあげる」というアプローチも、やはり自滅的である。

「赤ん坊の弟にやさしくしていたら、映画に連れてってあげる」
「おねしょをしなくなったら、クリスマスに自転車を買ってあげる」
「その詩を覚えたら、セーリングに連れてってあげる」

このようなアプローチは、たまに、手近なゴールに子どもを向かわせることがある。しかし、持続的な努力に導くことはめったにない。そのようなセリフが伝えるのは、言及された子どもの能力を疑っているということだ。

「その詩を覚えたら」は、「覚えられるとは思えない」という意味だ。「おねしょをしなくなったら」は「おまえは自分をコントロールできるが、たぶん、しないだろう」という意味だ。

わいろに用いられる報酬には、倫理的な問題もある。子どものなかには、報酬をもらうためにわざと無作法なふるまいをする子もいる。「もし……したら（あるいは、しなかったら）、ごほうびをあげる」という論法は、すぐに取引やゆすりへと発展する可能性がある。「行儀よく」ふるまうかわりに、賞品や特典を求める要求がどんどんエスカレートしていく危険もある。

ある親たちは子どもとの取引に応じたため、買い物に行くたびにおみやげを買って帰らざるをえなくなった。家に帰ると子どもたちが、「お帰り」と言うのではなく、「何を買ってきた？」と言って出迎えるのだ。

ごほうびが子どもの成長を助ける楽しみになるのは、子どもが成しとげたことを認め、称賛するしるしとして、予告もなく、あたえられるときである。

約束——非現実的な期待が悲しみを生む

約束は子どもにするべきではないし、子どもにさせるべきでもない。なぜなら、子どもたちとの関係は信頼にもとづいていなければならないからだ。親が自分たちの言いたいことを強調するために約束する必要があるなら、「約束していない」言葉は信頼に足りないことを事実上認めていることになる。

約束は子どもたちのなかに非現実的な期待をふくらませる。動物園に連れていってあげると親に約束された子どもは、その日が雨降りではなく、車はガレージにあり、自分が病気ではないことを確約されたと考える。けれども人生には不運な出来事がつきものなので、何が起こるかわからない。もしなんらかの事情で約束どおりに動物園に行けなくなると、子どもは裏切られたと思い、親は信頼できないと確信する。こうして親たちは、「だって約束したじゃない！」という容赦のない不満にさらされることになる。そのときになって、約束しなければよかったと思っても後の祭りなのだ。

これからは行儀よくふるまうとか、いたずらをしないという約束を、子どもにさせるべきではない。子どもはしたくもない約束をさせられると、空《から》約束をするようになる。そのような倫理的な詐欺《さぎ》行為を奨励《しょうれい》すべきではない。

いやみ――学習を妨げる大きな障害

いやみの才能のある親ほど、子どもの精神衛生上、害になるものはない。そのような親は、効果的なコミュニケーションに大きな障害となる。

「何度同じことを言わせるんだ？　耳が聞こえなくなったのか？」
「ほんとに野蛮な子ね。ジャングル暮らしがあんたにはぴったりよ」
「いったいぜんたい、どうしたっていうんだ？　おまえは頭がおかしいのか、それともただのバカなのか？　おまえの行く末は決まりだな！」

こんなことを言う親は、自分の発言が反撃を招く攻撃であることや、子どもに復讐の妄想《もうそう》を抱かせ、コミュニケーションの妨げになることにさえ、気づいていないかもしれない。**ひどいいやみや感情を傷つける決まり文句は、子育てに必要ない**ものだ。故意でも故意でなくても、子どもの前や仲間のいる前で、子どもの立場をなくすようなことは言うべきでも、するべきでもない。

簡潔に答えるほうが効果がある

「あなたの話し方って親みたい」と言われるのは、お世辞ではない。なぜなら、親は何度も同じことをくりかえしたり、ありきたりのことを大げさに言いたてたりするものと思われているからだ。そういうとき、子どもたちは心のなかで「もううんざり！」と叫んで、耳を貸さなくなる。

ちょっとした不運な出来事が大事にならぬよう、すべての親は要領よく子どもに対応する方法を学ぶ必要がある。次のエピソードは、長たらしい説明より短いコメントのほうが効き目のあることを示している。

八歳のアルが涙を浮かべながら母親のところに走ってきて、兄の不満を言いはじめた。

「ぼくの友だちがくると、いつだってテッドはぼくらをいじめる口実を見つけるんだ。ぼくらをほっといてくれないんだよ。テッドにやめさせてよ」

それまで、母親はよくテッドにこうどなっていた。「弟をほっときなさいって何度言ったらわかるの？　ほっとくって約束しなさい。でないと、一カ月、外出禁止にするわよ」

しかし今回は、テッドを見てこう言った。「テッド、どちらか選びなさい。いつもの講義を受けるか、自分で弟の不満を処理するか」

テッドは笑って答えた。「わかったよ、ママ、おれ、ずらかるよ」

次に紹介する会話では、心のこもった簡単な答えが無駄な口論を未然に防いでいる。

ルース（八歳）：ママ、中学が恋愛の学校だって知ってた？

母親：そうなの？

ルース：そうよ。男の子と女の子がしょっちゅうパーティするんだって。

母親：だから、あなたは中学に行くのを楽しみにしてるのね？

ルース：そのとおりよ！

ルースの母親は以前なら、時間を無駄にすることの愚かさを娘に講義していただろう。そして、学校は学ぶところであって恋愛するところではないとか、ルースはまだ小さいのだから、そんなことを考えるには早すぎる、などと言い聞かせていただろう。その後、長い口論がつづき、しらけたムードが漂ったことだろう。しかし、そうはならなかった。母親が娘の欲求を認めたからだ。

しばしばちょっとしたユーモアが大量の言葉に匹敵《ひってき》する。

十二歳になるロンは、母親が、買ってきたばかりの果物を、いつものようにキッチン・カウンターに置きっぱなしにするのを見ていた。苦笑いを浮かべて、ロンは言った。「ママ、一度ぐらい正しいことをやったら。果物を冷蔵庫に入れなよ」

「あら、私だって一度は正しいことをしたわよ。あなたを産んだもの」と母親は答えた。ロンは笑って、母親が果物を冷蔵庫に入れるのを手伝いはじめた。

ロンの母親にとって、口論をはじめるのはいたって簡単だっただろう。「どういう意味、正しいことをしろって！　親に向かって、そんな口のききかたをしていいと思ってるの？」そう食ってかかるかわりに、彼女は母としての権威をユーモアと簡潔さをもって表現したのだ。

●沈黙が功を奏するときもある

次に紹介する出来事は沈黙が力を発揮する例だ。

七歳のスコットは足を痛めたが、その晩、カブスカウトのパーティに行くのはとりやめなかった。翌朝、スコットは「足が痛くて学校に行けない」と言いだした。

母親はこう言いたい誘惑にかられた。「パーティに行けたんなら学校にだって行けるはずでしょ」

だが母親は何も言わなかった。その沈黙は重苦しかった。数分後、スコットがたずねた。「学校に行くべきだと思う？」母親は、「そのことを考えてたのね」と答えた。「うん」とスコットは言い、急いで着替えをしに行った。

スコットの母親の沈黙は、スコットが自分で決断するのを助けた。スコットは、パーティに行けたんだから学校にも行けるはずだという結論に、自分自身で達したにちがいない。もし母親がそのことをスコットに指摘していたら、スコットは口答えし、二人とも腹を立てていただろう。

嘘にどう対応するか

子どもが嘘をつくと、とくにその嘘が明白で、嘘であることがわかりきっていると、親は怒る。シャツや顔じゅうに証拠をくっつけているのに、絵の具には触っていないとか、チョコレートなんか食べてない、と子どもが言い張るのは、腹立たしいものだ。

●挑発された嘘

子どもの防衛的な嘘を誘発するような質問を、親はするべきではない。子どもたちは親に根掘り葉掘り聞かれるのをいやがる。とくに、答えがすでにバレているとうすうす感じている場合はそうだ。子どもたちは罠《わな》となる質問、つまり苦しい嘘をつくか、バツの悪い告白をするかの選択を迫られる質問を嫌う。

七歳のクウェンティンは、父にもらった新しいトラックのオモチャをこわしてしまった。おじけづいた彼は、こわれたトラックの破片を地下室に隠した。父親はその残《ざん》骸《がい》を見つけ、いくつかの質問をし、怒りを爆発させた。

父親：新しく買ってやったトラックはどこにあるんだい？
クウェンティン：どこかにあるよ。
父親：おまえがそれで遊んでいるのを見たことがないぞ。
クウェンティン：どこにあるかわからないんだ。
父親：見つけなさい。お父さん、見たいから。
クウェンティン：たぶん、だれかに盗まれたんだ。
父親：おまえはとんでもない嘘つきだ！　トラックをこわしたんだろう！　罰を逃れられると思うな。お父さんは嘘つきが大嫌いなんだ！

これは不要な戦いだった。父親は、こっそりと探偵や検事のまねをして息子に嘘つきのレッテルを貼るのでなく、次のように述べていれば、息子にとってもっと助けになれたはずだ。「おまえの新しいトラックがこわれているのを見たよ。長くもたなくて残念だったな。おまえはあれで遊ぶのをほんとに楽しんでたもんな」

そうすれば、子どもは貴重な教訓を学んでいたかもしれない。「お父さんは理解してくれている。お父さんに自分の問題を話してもいいんだ。お父さんの贈り物をもっと大切に扱わなくちゃ。もっと注意深くならなくちゃいけない」

このように、**すでに答えがわかっている質問をするのはいい考えとはいえない**。たとえば、汚れた部屋を見ながら、「私が頼んだとおり部屋を掃除したの？」と聞いたり、娘が学校に行かなかったという知らせを受けたあとで、「あなた、今日、学校に行ったの？」とたずねたりするのは好ましくない。好ましいのは、「部屋の掃除はまだね」「今日、学校をさぼったって聞いたわよ」という言い方である。

子どもたちはなぜ嘘をつくのだろう？　ときに、子どもたちは真実を告げるのを許されないから嘘をつく。

四歳のウィリーはあわただしく居間に駆けこんでくるなり、怒って母にこう言った。「おばあちゃんなんて、大嫌い！」驚いた母親はこう答えた。「だめよ、そんなことを言っちゃ。あなたはおばあちゃんのこと好きでしょう！　この家では、だれも嫌っちゃだめなの。だって、おばあちゃん、あなたにプレゼントをくれたり、いろいろなところに連れてってくれたりするでしょう。なのに、どうしてそんなに恐ろしいことが言えるの？」

しかし、ウィリーは言い張った。「ううん、ぼくはおばあちゃんが嫌いだ。大嫌いだ。もう二度と顔を見たくない」すっかりうろたえた母親はもっと強力な教育手段を用いることにした。ウィリーをたたいたのだ。

それ以上、罰せられたくないウィリーは、ころりと口調を変えて言った。「ほんとうはおばあちゃんのこと大好きだよ、ママ」それにたいして母親はどんな反応をしただろう？　ウィリーを抱きしめてキスをし、「いい子ね」と言ってほめたのだ。

このやりとりから幼いウィリーは何を学んだだろう？

真実を告げたり、母親にほんとうの気持ちを伝えたりするのは危険だ、ということである。真実を言うと罰せられ、嘘をつくと愛される、ということだ。真実は痛い。だから近づかないようにしたほうがいい。ママは小さな嘘つきを愛している。楽しい真実だけを聞きたいんだ。これからは、自分がどう感じているかではなく、ママが聞きたがっていることだけを言うようにしよう。

もしウィリーの母親が、息子に真実を話すよう教えたいと思ったら、どう答えていればよかったのだろう？

次のように言って、ウィリーの動揺を認めてやればよかったのだ。「あら、もうおばあちゃんのこと、好きじゃないの？　おばあちゃんはどんなことをしてあなたを怒らせたんだろう。教えてくれる？」そうしたら、ウィリーはこう答えたかもしれない。「赤ん坊にプレゼントを買ってきたのに、ぼくには買ってこなかったんだもん」

子どもに正直になるよう教えたかったら、楽しい真実だけではなく、つらい真実にも耳を傾ける心の準備をしておかなければならない。子どもに正直に育ってほしかったら、肯定的な気持ちであれ、否定的な気持ちであれ、矛盾した気持ちであれ、自分の気持ちに嘘をつくことを奨励してはならない。子どもが表現する感情にわたしたちがどう反応するかによって、子どもは正直であることが得策かどうかを学ぶからだ。

●真実を告げる嘘

真実を言って罰せられると、子どもたちは自分を防衛するために嘘をつくようになる。子どもたちはまた、現実のなかに欠けている幻想にひたるためにも嘘をつく。嘘は、子どもが抱いている恐れや希望を映しだしていることがある。本人がこうありたいとか、こうしたいというものを明らかにするのだ。

洞察力のある聞き手なら、嘘によって当人が何を隠そうとしているかがわかるだろう。嘘をつかれたとき、その内容を否定したり、嘘をついた子を非難したりするのでなく、嘘が意味しているものを理解し、それに反応するのが成熟したやり方だ。嘘から得られる情報で、子どもが現実と希望的観測とを識別するのを手伝える。

三歳のジャスミンが、クリスマスに生きた象をもらったとおばあちゃんに告げると、おばあちゃんはジャスミンが嘘をついていることを証明しようとはせずに、ジャスミンの願望を映しだす言葉をかけてやった。「そうなの、生きた象が欲しかったの！　自分の動物園が欲しかったのね！　動物がたくさんいるジャングルが欲しかったんでしょう！」

三歳のロバートは、エンパイア・ステート・ビルと同じぐらいの高さの男の人を見たと父に言った。父親は、「なんてバカなことを言うんだ。そんなに背の高い人間なんていないよ。嘘をつくんじゃない」とは答えなかった。息子の感じたことを否定せずに認めてやり、息子に新しい言葉も教えてやったのだ。「ずいぶん背の高い人を見たんだな。すごい大男を見て、巨大な男を見て、巨人を見たんだな！」

●詮索するより予防策を

嘘にたいするわたしたちの方針ははっきりしている。わたしたちは検察官を演じたり告白を求めたり騒ぎたてたりするべきではないが、だからと言って、はっきりものを言うのをためらってはならない。

たとえば、子どもが図書館から借りてきた本が期限切れになっているのを見たら、こんなふうにたずねるべきではない。「図書館から借りてきた本を返したの？　ほんと？じゃあ、なんでまだあなたの机の上にあるの？」そうではなく、こう言えばいいのだ。「図書館から借りてきた本が期限切れになってるわよ」

子どもが数学のテストに落ちたことを学校が知らせてきたら、次のようにたずねるべきではない。「数学のテストは通ったの？……ほんとに？……嘘をついてもためにならないわよ！　先生から、あなたがみじめにも落っこちたって聞いたんだから」かわりに、はっきりこう告げるべきだ。「あなたがテストを通らなかったと数学の先生に言われたわ。心配してるの。わたしたちに手助けできることある？」

要するに、子どもを追いつめて自分を守るために嘘をつかせたり、意図的に嘘をつかせる状況をつくったりしないということだ。子どもが嘘をついたら、ヒステリックに反応したり教訓を垂《た》れたりするのではなく、事実に即した現実的な反応をすべきだ。

わたしたちが子どもに学ばせたいのは、嘘をつく必要はないということなのだから。

子どもたちが嘘をつくのを防ぐもう一つの方法は、「どうして？」という質問を避けることだ。かつて「どうして」は質問の言葉だったが、いまでは批判の言葉として用いられやすい。**子どもにとって「どうして」は、親の不承認、失望、不満をあらわす。**「どうしてそんなことをしたの？」という単純な一節でさえ、「いったい全体、なんだってそんなバカなことをしでかしたんだ？」という含みがある。

賢い親は次のような害のある質問を避ける。

「どうして私が言うことをかたっぱしから忘れるの？」
「どうしていつも時間に間に合わせられないの？」
「どうしてそんなにだらしないの？」
「どうして口を閉じていられないの？」

このような答えようのない質問をするかわりに、賢明な親は思いやりのある発言をする。

「覚えておくのがむずかしいこともあるわね」

「あなたが遅れると心配になるのよ」

「宿題をきちんと整理するために何ができる？」

「あなたにはいろいろな考えがあるのね」

盗みにどう対応するか

幼い子どもが、自分のものではない物を家に持ち帰るのはめずらしいことではない。「盗み」が発覚したら、説教したり大げさに騒ぎたてたりするのではなく、正しい道に導いてやることが大切だ。穏やかな口調ではっきりと次のように告げればいい。「そのオモチャはおまえの物ではない。返さなくちゃな」「その銃をもっていたい気持ちはわかるが、ジミーが返してもらいたがってるんだ」

子どもがキャンディを盗み、自分のポケットに入れたら、感情的にならずに子どもと向きあう。「おまえが左のポケットに入れたキャンディ、もっていたいんだろうけど、それは棚に返さなきゃならないんだよ」もし子どもがキャンディをもっていることを否定したら、こうくりかえす。「おまえにそのキャンディを棚に返してもらいたいんだ」

もし子どもが拒否したら、子どものポケットからそれを取りだし、こう言う。「これは店の物だよ。ここに置いておかなきゃならないんだ」

●まちがった質問と正しい発言

子どもがあなたの財布からお金を盗んだと確信したら、そのことを問いつめないで、こう告げるのがいちばんよい。「あなたは私の財布から一ドル取ったわね。戻してもらいたいわ」お金が戻ったら、子どもにこう告げる。「お金が必要だったら私に言ってちょうだい。二人で話しあいましょう」

もし子どもがお金を取ったことを認めなかったら、子どもと議論をしたり告白を迫ったりせずに、こう言う。「私が知ってるってこと、わかってるでしょう。戻さなくちゃいけないわ」そのお金がすでに使われてしまっていたら、雑役かこづかいの減額によってそれを返還する方法を話しあう。

子どもを泥棒や嘘つき呼ばわりしたり、不幸な結末を予言したりしてはいけない。**子どもに「どうしてそんなことをしたの?」とたずねても、助けにはならない**。子どもは動機をわかっていないかもしれない。「理由」を言うようプレッシャーをかけても、また別の嘘を言わせることにしかならない可能性がある。

お金が必要なら、そのことを話しあってもらいたいと指摘するほうが、より助けになる。「一ドル必要だったことを私に話してくれなかったのが残念だわ」「お金が必要なら私に言ってちょうだい。二人でなんとかしましょう」

子どもが、いけないと言われていたのに隠れてクッキーを食べ、口のまわりに砂糖がついていたら、次のような質問はしないほうがいい。「だれか瓶《びん》からクッキーを取って食べた?」「クッキーを取った人、見なかった? あなたは食べてない? ほんとう?」

そのような質問はだいたい、子どもに嘘をつかせ、親の失望を深めるだけだ。ルールは、**答えを知っているときには質問をしない**ということだ。正直に話したほうがいい。たとえば、「食べるなと言ったのに、あなたはクッキーを食べたわね」こう言えば、それだけで十分な罰になる。子どもは決まりの悪い思いをし、自分で今後の行動の仕方を考えるようになる。

礼儀正しさは、礼儀正しく教えよう

礼儀正しさは性格的な気質であると同時に、社会的スキルである。それは礼儀正しい親との同一化や、親の模倣《もほう》を通して獲得される。どんな状況の下でも、**礼儀正しさは礼儀正しく教えられなければならない**。ところが、しばしば親は、無作法な仕方でそれを教える。子どもがお礼を言うのを忘れると、親は他人の面前でそれを指摘するが、それはどう見ても礼儀正しくない。自分がまだ別れの挨拶をしていないのに、子どもに「さよなら」を言わせようとする親もそうだ。

六歳のロバートは包装紙に包まれた贈り物をもらった。好奇心にかられ、箱をつぶして中身を見ようとするのを、母親がハラハラしながら見ている。

母親：ロバート、やめなさい！　贈り物をだめにしちゃうわ！　プレゼントをもらったら何て言うの？

ロバート（怒ったように）：どうもありがとう！

母親：いい子ね。

ロバートの母親はもっと丁寧に、そして効果的に、礼儀を教えることができたはずだ。「こんなすてきな贈り物をくださって、パトリシアおばさん、ありがとう」と率先して言えば、ロバートもその後につづいて「ありがとう」と言っていたかもしれない。もし言えなかったら、あとで二人きりになったとき、社会生活を快適にする礼儀についてこう話してやればよかったのだ。「あなたのことを考えて贈り物をしてくれたのは、パトリシアおばさんの好意だったのよ。おばさんにお礼の手紙を書きましょう。わたしたちがおばさんのことを考えていると知ったら喜ぶわよ」

こうしたやり方は直接しかるより複雑だが効果はある。快適に生活するためのちょっとした思いやりや礼儀は、強引に子どもの頭にたたきこむわけにはいかないのだ。

子どもが大人の会話を妨げると、大人はふつう、怒ってこう言う。「失礼よ。話の邪魔をするのは礼儀に反するわ」

しかし、話の邪魔をする人間を邪魔するのも礼儀に反する。親は子どもに礼儀正しさを教える過程で、無作法になるべきではない。おそらく、こんなふうに言ったほうがいいだろう。「言いたいことを最後まで言わせてね」

子どもに、おまえは行儀が悪いと告げても、ためにはならない。子どもが礼儀正しくなるかと言えば、そうはならないのだ。危険なのは、子どもたちがわたしたちの評価を受け入れ、自分たちの自己イメージの一部にしてしまうことだ。いったん自分たちのことを行儀が悪いと思うと、そのイメージにしたがってふるまいつづけるようになる。無作法な子どもが無作法にふるまうのは当然だ。

とげのあるいましめや、うっとうしい予言は、子どものためにならない。大人が簡潔で礼儀正しい言葉を用いれば、子どもが礼儀を身につける助けになる。友人や親戚の家への訪問は、子どもたちに礼儀正しさを実地指導する好機になる。訪問は親子にとって楽しいものでなければならない。これは、子どものふるまいの責任が、子どもと訪問先の人にあずけられるとき、もっとも達成されやすくなる。

子どもたちは、他人の家ではわたしたちがしかるのをためらうことを知っている。地の利を心得て、かれらは無作法にふるまう。そうした戦略に対抗するには、訪問先の人にその家独自のルールを決めてもらい、実行してもらうのがベストである。

子どもがメアリーおばさんの家のソファーで飛びはねたら、ソファーで飛びはねてもいいかどうかをメアリーおばさんに決めてもらい、限界を定めてもらうのだ。子どもは他人から制限を課されると、したがいやすい。しつけの義務から解放された親は、子どもの願望や感情を理解し、言葉にすることで、子どもを助けてやれる。「メアリーおばさんに、ソファーで飛びはねさせてもらいたいのね。そうするのがほんとうに楽しいのね。でも、ここはメアリーおばさんの家だから、おばさんの気持ちを尊重しなくちゃね」もし子どもが、「でも、お母さんはソファーで飛びはねさせてくれるじゃない」と口答えしたら、「ここにはメアリーおばさんのルールがあるの。わが家にはそれとはちがったルールがあるのよ」と答えればいいだろう。

このような方策は、それぞれの責任の所在について、家主と客のあいだに合意がある場合にのみ使える。メアリーおばさんの家に着いたら、ルーシーの親はこんなふうに言えばいいだろう。「ここはあなたの家です。ここで許される行動と許されない行動がわかっているのは、あなたです。子どもたちがやっていることが気に入らなかったら、どうか遠慮なくしかってくださいね」

家のルールにしたがうことを要求するのは、家主の権利と責任である。しつけの役割を一時的に手放すのは、訪問した親の責任だ。親は干渉するのを控えることによって、子どもが状況をありのままに認識するのを助ける。

すべての親は、嘘や盗み、年々増える悪事の数々にどう対処すればいいか思い悩んできた。脅し、わいろ、約束、いやみ、粗野《そや》な叱責《しっせき》などは答えにならない。もっとも効果的な解決法は、わたしたちの価値観をはっきり言葉にすることだ。すでに答えがわかっていることについては質問しないほうがいい。もっとも重要なのは、わたしたちが子どもに期待する敬意をもって子どもを扱うということだ。子どもの行儀の悪いふるまいに対処するためのこうした方法は、親と子どもとの愛情のこもった関係を強化する一助にもなる。

〈4章〉 責任感を育てるために

どこの親も、子どもたちに責任感をもたせる方法を模索している。多くの家庭では、日常の雑用をやらせること——ゴミ箱を空にしたり、食卓の用意をしたり、芝生を刈ったり、皿を洗ったりすることが、子どもたちの責任感を育むのに効果的だと考えられている。だが実際には、そうした雑用は家庭運営にとっては大切だろうが、責任感を育む効果はない場合が少なくない。

それどころか、雑用をするしないで親子げんかになるケースもよくある。雑用の強制は、子どもを従順にし、よりきれいなキッチンや庭を見られるようにするかもしれないが、子どもの性格形成に好ましくない影響をもたらすこともある。

責任感は押しつけることができないというのは明白な事実だ。責任感は、家庭やコミュニティで吸収されたもろもろの価値を糧《かて》にして、内側から育っていくしかない。

肯定的な価値に根ざしていない責任感は、反社会的で破壊的なものにもなりうる。ギャングのメンバーはしばしばおたがい同士、また所属集団にたいし、揺るがぬ忠誠心と強い責任感を示す。テロリストは義務を果たすことに強い責任を感じ、たとえ自分の命を犠牲にしてでも命令を実行に移すのだ。

責任感はどう生まれるか

わたしたちは子どもに責任感のある人間になってもらいたいと願うが、その責任感は基本的な価値観から湧きあがってくるものであってほしいと思う。人生を尊重する気持ちや人類の幸福への思い、くだいて言えば、慈悲、かかわり、思いやりといったものからだ。

ふだん、わたしたちは責任の問題を大きな枠組みのなかでとらえようとしない。もっと具体的なかたちで、責任や責任の欠如を考えている。たとえば、散らかった子ども部屋、学校への遅刻、ずさんな宿題のやり方、いやいやながらのピアノの練習、ふてくされた行動、行儀の悪さなどだ。

しかし子どもたちは、礼儀正しくふるまい、自分自身や部屋を小ぎれいに保ち、宿題をきちんとやっていても、無責任な決断をすることがある。とくにこれは、いつも何をすべきか指示され、そのために、自分で判断を下したり、選択したり、内的な基準を育んだりする機会をほとんどもてない子どもにあてはまる。

それにたいして、自分で決断を下す機会をあたえられる子どもたちは、成長すると心理的に自立し、大人になったとき、満足のいく伴侶《はんりょ》や仕事を選べるようになる。

親が子どもにわかってもらいたいことを、かれらがどれほど学ぶかは、親の指示にかれらが感情的にどう反応するかにかかっている。価値観は直接教えることができない。子どもは自分が愛し、尊敬する人との同一化や、そうした人の模倣を通してのみ、価値観を吸収し、身につけていく。

つまり、子どもの責任感の問題は親にかかっている。もっと正確に言うなら、親が子育ての実践のなかで、どんな価値観を示すかにかかっているのだ。考えるべきなのは、子どもたちのなかに好ましい責任感を生みやすい明確な態度や実践があるか、ということだ。本章では、心理学的な観点から、この疑問に答えてみたい。

感情を認め、方向だけ変えよう

子どものなかに責任感を育てるには、親の側に、ある態度とスキルが必要になる。つまり、**子どもがどんな感情を抱いても、それを感じるのを認めるという態度と、その感情を扱うために容認できる方法を示す**、というスキルだ。

親がこれら二つの必要条件を満たすのはかなり大変だ。わたしたち自身の親や教師は、わたしたちが感情を扱えるように準備させてはくれなかった。かれら自身、強い感情と向きあう方法を知らなかったからだ。子どものなかの激しい感情に直面すると、かれらはそれを否定するか、見ないふりをした。あるいは、抑えこんだり、粉飾《ふんしょく》したりしようとした。かれらが用いる言葉は、子どものためにならないものだった。

否定：おまえの言っていることは本気じゃないんだ。おまえが弟を愛していることは、わかっているだろう。
見ないふり：あなたには最悪の日で、ただむしゃくしゃしているだけなのよ。
抑圧：もう一度、「嫌いだ」という言葉を口にしたら、お尻をたたくわよ。いい子はそんなふうに感じないものなの。
粉飾：あなたは妹を心底、憎んでなんかいないわ。もしかしたら好きではないかもしれないけど。わが家ではだれも憎んだりしないの。

このような発言は、感情というものが、川の流れのように、止めることはできず、方向を変えることしかできないという事実を無視している。強い感情は増水するミシシッピー川と同じで、否定することも、道理を説いてしずめることも、話しあって解決することもできない。それらを無視すれば災難を招くことになる。事実として認め、重んじ、工夫して方向を変えてやらなければならないのだ。そうした流れの回路をつくってやれば、それらはわたしたちを感動させ、人生に喜びをもたらすこともある。

では、望ましい目標と日々の実践をつなげるためには、どんな段階を踏めばいいのか。何からはじめればいいのだろう？

子どもの気持ちを感じとる

その答えは、長期と短期のプログラムを組み合わせたプログラムにある。人格教育は子どもとのかかわり方に左右されること、気質は言葉によっては伝達できず、行動によって伝えなければならないことを、まずはっきりと認識する必要がある。

長期プログラムの最初のステップは、子どもが考えたり感じたりしていることに興味をもち、子どものふるまい、表向きの従順さ、反抗的姿勢といったものだけではなく、そうした**行動の引き金になっている感情に反応する**ことだ。

では、子どもたちが考えたり感じたりしていることは、どうしたらわかるだろう？子どもたちの感情は言葉、声音《こわね》、身ぶり、姿勢などにあらわれる。わたしたちに必要なのは、聞く耳と、見る目と、感じるハートだけである。わたしたちのモットーをつくるなら、次のようなものになる。「**理解しよう。理解していることを示そう。批判や非難ではない言葉で示そう**」

子どもがのろのろと、足を引きずるようにして学校から帰ってきたら、その様子から、何かおもしろくないことが起こったと予測できる。わたしたちは先に示したモットーにしたがい、次のような批判的なコメントで会話をはじめるようなことはしない。

「**なんて顔してるの？**」
「**どうしたんだい。友だちとケンカでもしたのか？**」
「**今日はどんなトラブルを起こしたの？**」

わたしたちは子どもがどう感じているかに関心があるので、恨みしか生まないコメントや、家に帰ってこなければよかったと思わせるようなコメントは避けるだろう。子どもには、自分を愛していると主張する親から、あざけりやいやみではなく、思いやりのある反応を受ける権利がある。

「**何か不愉快なことがあったのね**」

「あなたにはいい日じゃなかったみたいね」
「だれかにつらい目にあわされたのね」

こうした叙述的な表現のほうが、「何があったの?」「どうしたんだい?」といった質問より好ましい。質問は好奇心を伝え、叙述は同情を伝える。親の同情的なコメントは、子どもの暗い気分を即座には変えなくても、子どもに愛情を伝えることはできるだろう。

子どもの心の傷を癒す

ダニエルは帰宅して、スクールバスの運転手に侮辱され、手荒に扱われたと母に告げた。その場合、母親のすべきことは、運転手の動機を詮索することでも、運転手に代わって言い訳をすることでもない。同情心をもって子どもに対応し、次のようなコメントで心の応急処置をすることである。

「あなた、きっとひどく恥ずかしかったでしょうね」
「あなた、頭にきたでしょう」

「その瞬間は、彼のことを心から恨んだんじゃない？」

このようなコメントは、母親がダニエルの怒り、心の痛み、屈辱を理解していることや、ダニエルが必要とするときには母がそばにいることを、ダニエルに伝えるだろう。子どもがころんで怪我をしたら、親はすぐに応急手当をしてやるが、それと同じように、心の傷を負った子どもに心の応急手当をする方法を、親は学ぶ必要がある。

子どもは自らにあたえられるものから学ぶ。**もし、しじゅう批判にさらされていれば、責任感を学ぶことはない。**自分自身を非難することや、他人の欠点をあらさがしすることを学ぶ。また、自分自身の判断を疑うこと、自分自身の能力をさげすむこと、他人の意思を信じないことを学ぶ。そして、とりわけ、また罪を宣告されるのではないかとたえず危惧《きぐ》しながら生きることを学ぶ。

子どもたちにどこか悪いところがあると感じさせるもっとも簡単な方法は、批判することだ。**批判は子どもたちの自己イメージをおとしめる。**子どもたちが必要としているのは、自分の名誉を傷つけない情報なのだ。

子どもたちとの関係を築く

日々の雑用や責任のことで子どもと戦っている親は、それが勝ち目のない戦いであることを知るべきだ。**どんなに仕事や責任を強要しても、それに抵抗する十分な時間とエネルギーを子どもたちはもっている。**たとえわたしたちがその戦いに勝ち、わたしたちの意思を押し通すことに成功したとしても、子どもたちは生気を失ったり、ふてくされたり、反抗的になったり、なまけたりすることで報復するだろう。

だからわたしたちがすべきなのは、**子どもたちとのあいだに良好な関係を築くこと**だ。だが、どのようにしてその困難な仕事を成しとげればいいのだろう？

簡単に言えば、子どもたちの心をつかむことによってである。そんなことは不可能に思えるかもしれないが、ただむずかしいだけで、いったん子どもの物の見方を理解し、子どもの無作法なふるまいの引き金になる感情に注意を向ければ、かれらの心をつかめるようになる。

親がこまやかな神経をもって子どもの言うことを聞けば、子どものなかに好ましい変化を引き起こすことができる。逆に、自分たちの感じ方や物の見方に親が興味を示さないと思うと、子どもはいらだちや恨みを覚える。

シャナはサッカーに興味がなかったので、家族で弟のサッカーの試合を見に行くからいっしょにくるようにと父に言われたとき、それを断った。すると父親は怒り、こづかいをやらないぞと脅した。シャナは愛されていないと感じ、傷つき、怒って、家を飛びだした。

落ち着きをとりもどした父親は、シャナの立場に立ってみて、シャナが行くのを拒んだ理由を理解した。父親は家族みんなで楽しい外出をしようと思ったのだが、娘の気持ちを尊重していなかったことに気づいたのだ。娘が帰ってくると、父は謝り、彼女には興味がないのだから家族といっしょに行きたいと思わないのは当然だと認めた。たとえ無理にシャナを連れていったとしても、だれ一人試合を楽しめなかっただろうということにも、父親は気づいた。

多くの親は、家族の行事や祝い事を理想化し、楽しくなければならないと考えている。だが子どもたちの気持ちを無視すると、楽しいはずの出来事がだいなしになってしまうことも多い。親はどんな行事に子どもを参加させるか、慎重に選ばなければならない。子どもを恨みがましい気持ちにさせ、怒って不機嫌になった子どもに手を焼くというのは、親にとっても不本意だろう。子どもは、自分を犠牲にしてでも親に仕返しをする方法をたくさんもっている。

子どもは、親が自分の感情や立場を考えてくれないと、こう結論するかもしれない。「自分の考えは愚かで、注目に値しない。自分は愛すべき人間ではないし、愛されてもいない」と。

注意して子どもの言うことを聞くだけではなく、かれらの強い感情を考慮する親は、子どもの意見や感情には価値があり、かれらは尊重されている、ということを子どもに伝える。そうした感覚は子どものなかに自尊心を育む。自分には価値があるという感覚をもっていると、子どもは周りの出来事や人々に、より的確な対応ができるようになる。

子どもたちの感情を映しだす

遊園地などで、映るものを誇張したりゆがめたりする鏡を見たことがあるだろうか？ 見たことのある人は、それを見てどのように感じただろう？ おそらく居心地が悪かったにちがいない。もし笑ったとすれば、それは鏡に映っているのがまちがった姿で、自分はそんなふうに見えないことを知っていたからだ。

しかし、それが自分のもてる唯一の自己像だったとしたらどうだろう？ その奇妙な人間がほんとうの自分の姿だと思いこんでしまうかもしれない。もしそのような自分のイメージしかもてなかったら、鏡に不審を抱く気持ちはわいてこないだろう。

子どもは、親が映しだす自分のイメージを疑う理由をもっていない。親はしばしば子どもに、怠け者、軽率、わがまま、無神経、無責任といったレッテルを貼るが、子どもたちは親のそうした否定的な評価さえ受けいれる。「おまえはみっともない」「まともにやれることが一つもないじゃないか」「あなたはほんとうに不器用ね」などと言われると、子どもたちは、自分を美しいとか、能力があるとか、優美だとは考えられなくなる。多くの親は自分の子どもに、バカ、怠け者、ずるというレッテルを貼っておきながら、子どもがそうしたレッテルに反発して、利口、勤勉、正直者に変わることを期待する。


親の否定的な描写は、子どもの自己イメージを簡単にゆがめてしまう。


子どもに関するテレビ番組に出ていたとき、十二歳のテッドが私にこうたずねた。「お父さんがぼくのことを、怠け者で、乱暴で、バカだって言うんだ。お父さんの言ってることは正しいの？　ぼくはそんなふうに思わないんだけど」

「もしお父さんが、おまえは億万長者だと言ったら、きみは信じるかい？」と私はたずねた。

「ううん、銀行に十七ドルしかないのを知ってるもん。だから億万長者とは言えないよ。そうか、わかった。ただ、お父さんがぼくのことをひどく言ったからって、ほんとうにそうだとはかぎらないんだね」とテッドは答えた。

「きみはお金をどれだけもってるか知っているように、自分がどんな人間かを知ってるんだ。きみのお父さんをふくめて人が何と言おうとね。でも、きみが尊敬している大好きなお父さんにそう言われると、自分はそんな人間じゃないと思うのがむずかしいんだよ」

子どもを矯正《きょうせい》させるためにつけた否定的なレッテルは、一生、当人の重荷になることもある。

数年前、偉大なチェロ奏者でヒューマニストのパブロ・カザルスは、子どもたちに自分は特別だと感じさせることの大切さを説き、こう述べた。「二足す二は四だと知るだけでは子どもにとって十分ではありません。親は子どもにこう言うべきです。『おまえは驚異だ！　おまえは奇跡なんだ！　この世がはじまって以来、おまえそっくりの子どもは一人もいなかったし、これからもいないんだから』」

一部の子どもたちは幸運である。かれらの親はパブロ・カザルスと同じ考えで、子どもたちに特別だと感じさせる方法を知っているからだ。

十歳のエディスと母親がデパートで買い物をしていた。突然、近くで迷子になった少年が泣きだした。しばらくすると守衛がきて、その子が母親をさがすのを手伝った。

その晩、エディスがとても悲しげな顔で、母親に言った。「お母さんが見つからないってわかったとき、あの子、どんなにこわかっただろうって考えてたの」そのときエディスの母親の頭に最初に浮かんだのは、こう言って娘を安心させることだった。「心配いらないわ。たぶん、すぐにお母さんが見つかったわよ」

しかし、そう言うかわりに母親は、その機会を利用して、エディスに彼女の思いやりある性格を自覚させることにした。

母親：エディス、あなたほんとうに、あの迷子になった少年のことを気遣ってるのね。

エディス：とても悲しそうだったのを、ずっと覚えてるの。

母親：あなたは心からの同情と思いやりをあらわしてるのよ。あの子の恐怖が感じられるみたいね。

エディス：へぇ。ママ、私、自分のことそんなふうに特別に考えたことなかったわ。

子どもを攻撃せずに感情や考えを述べる

親が困った状況におちいったら、子どもの人格を攻撃したり尊厳をそこなったりせずに自分の気持ちや考えを述べると効果的である。子どもを侮辱するのではなく、子どもの許しがたい行動を口にだして言い、怒りをあらわすのだ。たとえば、言うことを聞かない息子に向かっては、「ステレオの音量を下げてって何度も言ってるのに、それを無視するから、私、怒ってるし傷ついてもいるのよ」と言う。

子どもの言うことをよく聞き、かれらの立場を理解しようと努めるとともに、かれらを傷つけるコメントを避け、その気持ちや必要性を表現してやれば、子どものなかで変化のプロセスがはじまる。親身な雰囲気が子どもを親に近づけ、親の公正で思いやりある態度を、子どもが見習うようになるのだ。こうした変化は一夜にしては起こらないだろうが、努力は最後には報われるだろう。

子どもに責任感を身につけさせるための教育の大半は、こうした子どもとの接し方によって進められていく。とはいえ、お手本を示すだけでは十分ではない。子どもは自分自身の努力と体験を通して、責任感を身につけていくのだ。

親のお手本は、子どもが学ぶための好ましい態度や環境を生むが、子どもが親に学んだことを自分で確かめ、身につけていくのは、具体的な体験を通してである。したがって、それぞれの子どもの成熟度に合わせて、具体的な責任を子どもに負わせることが重要になる。

たいていの家庭では、子どもたちが問題にぶつかると、親が子どもに代わって解決策を見つける。しかし子どもが成長するためには、自分自身で問題を解決するチャンスをあたえられなければならない。例をあげよう。

十六歳のフィルの先生は、週末にクラスの子どもたちをスキー旅行に連れていくことにした。フィルは予定どおりバス乗り場に着いたが、先生は彼が五時間のバス旅行に参加するのを許さなかった。フィルが親の許可書をもらってくるのを忘れたからだ。フィルは動転し、怒りにかられた。家に戻ったフィルは母に言った。「母さん、バーモントまで車で連れてってくれなきゃ、払った百ドルがむだになるよ」

「フィル」と母親は答えた。「あなたがどれだけスキーに行くのを楽しみにしてたか知ってるわ。助けてあげたいけど、車で連れていくのが無理なのはわかってるでしょう」

「どうすればいいんだろう?」フィルは泣きそうな声で言った。

「バスに乗ることは考えた?」と母親が提案した。

「いや、だって、バスは何回も乗り換えなきゃならないから」

「バスには乗らないことにしたのね」母親は穏やかにそう言った。

それからしばらく、フィルは自分がいかにみじめな気持ちになったか話してから、部屋を出ていった。戻ってきたフィルは、乗り換えなしで山まで行けるバスを見つけたと報告した。

バス乗り場まで行く車のなかで、フィルは、先生から「あなたが親の許可書を忘れたのはわたしたちの落ち度じゃないわよ」と言われたとき、どんなに頭にきたかを母親に話した。そして、こうつけ加えた。「でもぼくはすごく大人だったんだよ。先生に何て答えたかわかる？『ぼく、どこに過失があるかには興味ありません。興味があるのは解決策です』って答えたんだ」

「へぇ」と母親は言った。「緊急のときには人を責めても意味がないって知ってるのね」

この母親のコミュニケーション・スキルは、息子が自分で物事を解決する人間になるのを助けた。その結果、彼は先生を責めることに無駄な時間を費やさなかった。依然として母親を頼りにしているとはいえ、母親に励まされて、自分の行きたいところに行く方法を自分で見出したのだ。そのことで、フィルは自分が有能で責任ある人間だと感じることができただろう。

子どもに選択させる

子どもたちは生まれつき責任感をそなえているわけではない。一定の年齢に達すると、自動的に責任感を身につけるわけでもない。責任感はピアノの演奏技術と同じように、長年かけて、ゆっくりと習得される。子どもが自分の年齢と理解力に見合った物事を自分で判断し、選択することを通して、日々、訓練することが必要なのだ。

責任感をつけさせる教育はかなり幼いうちからはじめられる。大切なのは、**いろいろな物事で子どもに選択をまかせ、できるだけ自主性を身につけさせること**だ。とくに、子どもの責任の範囲内に完全におさまることについては、子どもに選択権をもたせるべきだ。

しかし、子どもの快適な生活にかかわることで、もっぱら親の責任の範囲内におさまるものもある。そのような物事においては、親がいくつかの選択肢を示してから子どもに選ばせることが必要になってくる。重要なのは、これら二つの責任領域を明確に区別することだ。では、ここで親子の衝突が起こりやすい領域をいくつか見ていこう。

●食べ物

相手が二歳児でも、ミルクはコップに半分欲しいのか、それともコップ一杯欲しいのかをたずねることはできる。四歳の子どもは、半分のリンゴがいいか一個のリンゴがいいかを選択できる。六歳の子どもなら、ゆで卵は固ゆでがいいか半熟がいいかを決められる。

子どもはいろいろな状況で選択をまかされるべきだ。親が状況を選び、子どもが選択する。

幼い子どもに「朝食に何を食べたい?」とたずねるのは無理でも、「卵はスクランブルにする? 目玉焼きにする?」「パンはトーストにする? そのままでいい?」「飲み物はオレンジジュースがいい? ミルクがいい?」などとたずねればいい。

そのような言い方で何が伝わるかというと、子どもは自分のことにある程度の責任をもっている、ということだ。自分は注文したものをただ受けとるだけではなく、自分の人生をかたちづくる決定に参加している、という感覚だ。子どもは親の態度から、「わたしたちが多くの選択肢を提供するから、あとはあなたが自分の責任で選びなさい」という鮮明なメッセージを受けとる。

子どもたちの食事のトラブルはしばしば、親が子どもの味覚を気にしすぎるゆえに起こる。かれらは子どもに特定の野菜を食べるようううるさく言い、（科学的に怪しいにもかかわらず）どんな野菜がいちばん健康にいいかを説いて聞かせる。子どもにとっては、親が食べ物にあまり思い入れをもっていないほうがいい。親は質と味のいい食べ物を提供し、あとは子どもを信頼して、医師の忠告に反しないかぎり、自分たちの食欲に応じて食べるにまかせればいいのだ。明らかに、食べることは、子どもの責任の領域内におさまっている。

●衣服

小さな子どものために服を買う場合、どんな服が必要で予算はどのくらいかを決めるのは親の責任だ。店に入ったら、親が、値段が許す範囲でいくつかの候補を選び、そのなかから子どもが自分の着たいものを選ぶ。そうすれば、六歳の子どもでも、親が選んだもののなかから、自分の靴下、シャツ、ズボンなどを選ぶことができる。

年齢の高い子どもたちは、親や友人のセンスに合わない服でも選ぶことを許されるべきだ。子どもは親にとって不愉快な方法で自分の好みを表現したがるかもしれない。自分のお金を使うかぎり、子どもは自分が欲しいものを買うのを許されるべきだ。仲間にからかわれたり趣味が変だと言われたりしたら、もっと仲間の服装と似たものを欲しがるようになるかもしれない。子どもの服装の趣味について、親はあまり口出しすべきではない。

十代の子どもはきわめて挑発的な服を着たがるときがある。そんなときは、親は服装のもつメッセージを考えるよう、うながしてもいいだろう。「あなたはとっても変わってると見られたいの?」「どんな男の子に誘われても応じる女だと見られたいの?」といった具合に。

●宿題

子どもが一年生にあがったときから、宿題は子どもと先生の責任でなされるという態度を貫くべきだ。**宿題について子どもに口うるさく言うべきではない**。子どもから頼まれれば別だが、そうでない場合、親は宿題を監督したりチェックしたりするべきではない(この方針は先生の希望には反するかもしれない)。

親が宿題の責任をとると、子どもは責任を手放し、親は二度とそのくびきから逃れられなくなる。子どもは宿題を楯《たて》に、親を罰したり、ゆすったり、こきつかったりするだろう。親が宿題の詳細に興味を示さず、宿題は子どもの責任においてなされるものであることをはっきりと伝えれば、惨めな事態は避けられ、家庭の楽しい雰囲気も保たれるだろう。

幼い子どもに宿題を出さない洗練された学校はたくさんある。そのような学校の生徒たちは、六、七歳で宿題と格闘している生徒たちにひけをとらない知恵を身につけている。宿題の第一の価値は、自分の力で勉強する体験をさせることだ。けれどもそのためには、宿題は子どもの能力に合わせられ、子どもが他人の助けを借りずに一人でできなければならない。親が直接手を貸せば、子どもは、親の助けがなければ自分は無力だと思うかもしれない。けれども間接的な助けなら、役に立つことがある。たとえば、子どもにプライバシーを確保し、適切な机や参考書、コンピュータにアクセスできる環境を整えてやってもいい。

子どもによっては、宿題をやっているあいだ、大人の近くにいるのを好む子もいる。問題を考えたり本の一節を理解しようとするとき、だれかに聞いてほしいのだ。かれらには、キッチンや食堂のテーブルを使わせてもいいだろう。けれども、すわり方、身だしなみ、家具の扱いについては何も言うべきではない。

子どものなかには、鉛筆を噛んだり、頭をかいたり、椅子を揺らしたり、音楽を聴いたりしていたほうが、勉強に熱中できる子もいる。注意や規制は子どものイライラをつのらせ、精神的な活動を妨げる。親の要求が子どもの自立心を尊重したものであれば、抵抗が少なくなるだろう。

子どもが宿題をしているときには、質問をしたり、あとにまわせるお使いを頼んだりして、子どもの邪魔をすべきではない。たずねられたら、問題の要点を明らかにしたり文章の意味を説明したりするのはかまわないが、次のようなコメントは避けるべきだ。「あなたみたいに注意散漫でなければ覚えているのにね」「先生の言うことをちゃんと聞いていればわかるはずよ」

手伝いは控え目にしたほうがいいが、子どもの気持ちをくんでやることは必要だ。講義するのはやめ、子どもの言うことを聞いてやろう。道を示して、あとは旅行者が自力で目的地にたどりつくのを待つのだ。

次に掲げるエピソードは、宿題にまつわる問題が大騒動になるのを防ぐ母親のスキルを示している。

机の前にすわっていた十一歳のヘレンが、突然、立ちあがり、母親に食ってかかった。「もうやりたくない。疲れた」

ふつうの反応はこうだろう。「宿題をしたくないってどういうこと？　遊ぶときには疲れないくせに。悪い成績をとっても知らないわよ！」

そう言うかわりに、ヘレンの母親は、娘の言うことを認める答え方をした。「あなたが疲れてるの、わかるわ。一生懸命やったものね。やる気になったらまたやりなさい」

学校や先生にたいする親の態度が、宿題にたいする子どもの態度に影響をあたえることがある。親がいつも学校を非難し、先生をけなしていると、子どもはそこから明白な結論を引きだすだろう。親は先生の立場を支持し、宿題にかんする方針を支えるべきだ。先生が厳格な場合には、親が子どもに共感するいいチャンスになる。「そんなにたくさん宿題があるなんて楽じゃないわね！」「彼女はたしかに厳しい先生ね」などと声をかけられる。

宿題のことで毎日、騒ぎたてないようにすることが重要だ。たとえば、「アンバー、これから毎日、午後は綴り方の勉強をするのよ。土日もよ。遊びはなし、テレビもだめ」とか「ロジャー！　おまえに宿題のことを思いださせるのはうんざりだ。これからはきちんとやらないと、父さんが後悔させるぞ」などと言うのは避けたほうがいい。**親はどうしても脅したり、口やかましく言ったりしたくなる。**そうすれば状況を変えられると信じているからだ。しかし実際には、**そうした警告は助けにならないばかりか、マイナスの事態を引き起こす。**親子関係が緊張し、親はいらだち、子どもは恨みをためるだけなのだ。

十四歳のアンドルーの家に、学校から苦情の手紙が届いた。アンドルーは勉強が遅れていた。最初、父親は息子を呼んでこっぴどくしかり、こう言って罰をあたえようかと思った。「よく聞きなさい。今日から毎日、宿題をするんだ。週末も休日もだ。映画もテレビもゲームもすべて禁止。友だちの家に行くのも許さん。おまえがちゃんと宿題に取り組んでいるかどうか、父さんが自分で確かめるからな」

同じようなことは以前に何度も言ったことがあったが、いつでも息子を反抗させただけだった。プレッシャーを強くするとアンドルーの抵抗が増し、そのうちにアンドルーは言い逃れや隠しごとのエキスパートになった。

今回、アンドルーの父親は脅しや罰を避け、かわりに息子の自尊心に訴えた。アンドルーに先生からきた手紙を見せて、こう言ったのだ。「わたしたちはおまえに、もっと見聞を広め、知識を身につけてもらいたいんだ。世界は有能な人間を必要としている。まだ解決しなければならない問題がたくさんあるからだ。おまえもきっと役に立つはずだよ」

父親の言葉とその声の調子に、とても心を動かされたアンドルーは、これからはもっと真剣に勉強に取り組むと、父親に約束した。

多くの有能な子どもたちが、親の期待にたいする無意識の抵抗として、勉強に遅れ、悪い成績をとっている。子どもは成長し、大人になるために、自立の感覚や父母から分離しているという感覚をもつ必要にかられる。

親が子どもの成績にあまりこだわりすぎると、子どもの自立心が脅かされる。宿題をやることや優秀な成績をとることを、親がダイヤの王冠のようにみなすと、子どもは無意識のうちに雑草の王冠を持ち帰りたくなるのだ。少なくとも、それは自分のものだからだ。若き反逆者は親の目標を達成しないことで、自立の感覚を達成しようとする。このように、自立と独自性を求める欲求が、親のプレッシャーや罰にもかかわらず、子どもを失敗のほうへと追いやる。ある子どもが言ったように、「親はテレビやこづかいを取りあげることはできるけど、ぼくの落第点は取りあげられない」のだ。

勉強への抵抗は、子どもに厳しくするか甘くするかで解決できるような単純な問題ではない。プレッシャーを強くすれば子どもの抵抗が激しくなるかもしれないし、自由放任の態度では、未熟や無責任を容認していると受けとめられるかもしれない。解決は容易ではない。子どもによっては、親にたいする葛藤を解決し、存分に能力を発揮できるようになるために、心理療法を必要とするかもしれない。

スクールカウンセラーや、神経の細やかなセラピスト的な素養をもった先生による個人指導を必要とする子もいるかもしれない。**親が家庭教師をしてはならない**。わたしたちの目標は、子どもが親とは異なる独立した人間であり、自分自身の成功や失敗に責任がある、ということを伝えることだ。独自の欲求や目標をもった個人として認められると、子どもは自分の人生や要求に責任をとりはじめる。

●おこづかい

おこづかいは、行儀よくふるまったほうびや、雑用のお礼として渡すべきではない。それは、お金を使って、選ぶことや責任をとることを学ぶための教育の道具なのだ。だから、おこづかいの使い方を監視するのは趣旨に反する。必要なのは、おこづかいでどういう出費をカバーするかを取り決める大まかな方針である。たとえば、特別な楽しみ、ランチ、学用品など。子どもがもっと大きくなったら、責任の範囲が広がり、クラブ活動の会費、娯楽費、アクセサリーなどで出費もかさむようになるので、額を上げる必要がある。

無駄づかいも予想される。なかには、予算をうまく立てられず、すぐに使いすぎてしまう子もいる。無駄づかいが発覚したら、おたがいに合意できる解決策を探るために、子どもと事務的な話しあいをもつべきだ。すぐに使ってしまうということがくりかえされるなら、おこづかいを小分けにして少額ずつ渡す必要があるかもしれない。

おこづかいは子どもにプレッシャーをかけるための道具として用いるべきではない。怒ったときにおこづかいをあげるのをやめたり、気分がいいときに余分にあげたりするのも好ましくない。

適度なおこづかいとはどのくらいだろう？　この質問に普遍的な答えはない。おこづかいはわたしたちの予算に合わせるべきで、隣近所の水準を気にして、許容できる以上の額をやる必要はない。もし子どもが抗議したら、真剣に子どもと向きあってこう告げればいいのだ。「もっとたくさんあげたいけど、予算が限られてるの」このような正直な言い方のほうが、そんなに多くのお金は必要ないと子どもを納得させようとするより、賢明である。

お金は権力と同じで、経験がない者は取り扱いを誤ることがある。子どもの手にあまるような多額なおこづかいは渡すべきではない。子どもが学校に通うようになり、お金の数え方を覚え、おつりの計算ができるようになったら、おこづかいをあたえはじめるのがいいかもしれない。

●ペットの世話

子どもがペットの世話をすると約束した場合、その子はただやる気を示しているだけで、世話をする能力を証明しているわけではない。子どもはペットを必要とし、愛するかもしれないが、適切にペットを世話することはできない。

動物の命にたいする責任は、子どもだけにあずけることはできない。無駄な衝突を避けるため、子どものために飼うペットの世話は、親の仕事と考えたほうがいいだろう。子どもはいっしょに遊んだり愛情を注いだりできるペットをもつことで、多大な恩恵をこうむるかもしれない。ペットの世話を共同で受けもつことによる利益もあるだろう。しかし、ペットの生存や健康にたいする責任は、親がとらなければならない。子どもは責任をもってペットに餌をやると言うかもしれないが、それでも親の注意や助言を必要とする。

●音楽のレッスン

子どもが何か楽器を習いはじめると、親は遅かれ早かれ次のなじみの一節を聞かされる。「もう練習したくない」この不平に冷静に向きあうのは簡単ではない。

次に紹介するのは、ある母親がうまい質問でそれを達成した例である。

七歳のアンははじめて両手を使ってピアノの曲を弾いていた。

母親：その曲、前に弾いたことがあった？
アン：ううん。
母親：それを弾くのははじめてだってこと？
アン：そうよ。前に弾いたことがあると思ったの？
母親：ええ。
アン：きっと、うまく楽譜を読めるようになったのね。先生もそう言ってた。
母親：きっとそうね。

アンは熱心に練習をつづけた。母親の質問で、アンは自分の音楽の能力に自信をもてたのだ。

それにたいして、批判はやる気を失わせてしまう。

十歳のマイケルは一年以上もバイオリンの練習をしていた。彼の両親は批判的で、皮肉っぽかった。かれらはレッスンのたびに息子の進歩を値踏みした。マイケルが新しい曲をゆっくりと、何度もまちがえながら弾くたびに、父親はこう叫んだ。「もっとまちがえないで弾けないのか？　勝手に作曲するんじゃない！　楽譜どおりに弾くんだ！」結果は予想できた。マイケルは練習をやめてしまったのだ。

楽器を演奏するむずかしいスキルを身につけるためには、子どもはまちがいを責められるのではなく、努力をほめてもらう必要がある。まちがいは直すためにあるのであって、子どもの能力を攻撃する口実にはならない。

子どもが音楽のレッスンに行くのを拒むと、多くの親は説得や脅しに逆戻りする。ここにもっと効果的な選択肢がある。

マルシア（八歳）：もうバイオリンのレッスンを受けたくない。先生は全部の曲を完璧に弾いてほしいみたいなんだけど、私にはできないの。

母親：バイオリンはむずかしい楽器よ。弾くのは簡単じゃないわ。だれもがやれるわけじゃないの。自分のものにするには、相当の決意が必要なのよ。

マルシア：私が練習しているあいだ、いっしょにいてくれる？

母親：あなたがそうしてほしいならね。

この母親はあえて懇願したり、脅したりしなかった。娘に何をすべきか（「もっと練習すれば、うまくなるわよ」）も言わなかった。バイオリンを演奏することのむずかしさを認め、そばについていてやることを申し出たのだ。

十歳のラリーは音楽の先生の不満ばかり言っていた。母親はそれを打ち消そうとはしないで、ラリーの憤慨を認め、選択肢をあたえた。

ラリー：ピアノの先生、ぼくに期待しすぎだよ。それにしゃべりすぎ。一つ質問すると、ずっとしゃべってるんだもの。
母親：私が別の先生をさがしているあいだ、レッスンを休む？
ラリー（驚いて）：ぼくに音楽のレッスンをやめさせたいの？　ぼく、音楽は大事だからやめたくはないよ。
母親：ええ、あなたが音楽のレッスンをとても大切にしているのはわかるわ。
ラリー：たぶん、あの先生もそんなに悪くないよ。いろいろなことを習ったし。もう少し、あの先生でやってみるよ。

ラリーの母親が息子を心変わりさせるのに成功したのは、息子の不満にけちをつけなかったからだ。**親が子どもの気持ちや意見を尊重してやると、子どもはしばしば親の願望を考慮するようになる。**

一部の親たちは、自分自身がレッスンを強要されたことを覚えていて、自分の子どもにはそのような苦悩を味わわせまいとする。そのような親は、練習するかどうかは親の問題ではなく、子どもが決めることだと考える。子どもが演奏したくなったら、自分の欲求にしたがって演奏すればいい。レッスン料の支払いだけは親の責任にまかせられるが、楽器の練習は子どもの責任とみなされる。

逆に、子どものときレッスンを受けたものの、親があまりに寛大だったため上達しそこねたと悔やんでいる親は、何もかも自分で決めてしまいたがる。そのようなケースでは、子どもが生まれる前から、あてがわれる楽器が決められてしまう。子どもはバイオリンやホルンやピアノなど、楽器を扱えるようになったらすぐに練習をはじめさせられる。練習をしたくないと言って、かんしゃくを起こしたり涙をながしたりしても、おかまいなく練習はつづけさせられる。このような状況に投げこまれた子どもは、音楽に熟達するかもしれないし、しないかもしれない。けれども、そうした企て全体が大きな犠牲をしいることがある。とくに、そのことによって親子の関係がぎこちなくなると、支払われる代償はあまりに大きい。

子ども時代に音楽教育をほどこすおもな目的は、効果的な感情のはけ口を提供することにある。**子どもの生活は制限、規制、欲求不満に満ちているので、うっ積したエネルギーを発散するはけ口が必要になる**のだ。音楽は最高の発散回路の一つである。

怒りに音を、喜びにかたちを、緊張に安らぎをもたらすからだ。

ふつう、親や教師はそのような観点から音楽教育を見ようとしない。たいていは、メロディを再生するためのスキルを求める。そうしたアプローチをしていけば、子どもの演奏や人格の評価や批判に行きつくのは当然だ。それが悲しい結果に終わることは多くの人が知っている。子どもはレッスンを放棄し、先生を避け、音楽の道を永遠に閉ざしてしまう。こうして多くの家では、弾かれることのないバイオリンや使われなくなったピアノ、鳴らされることのないフルートが放置されたままになっている。

親にできることは何だろう？　親の仕事は、親切で配慮の行き届いた先生をさがすことだ。音楽だけではなく、子どもについても知っている先生だ。子どもたちに音楽への興味をもたせつづけるコツを知っており、子どもの才能を伸ばしてやれる先生だ。先生の重要な仕事は、子どもの尊敬と信頼を勝ちとることである。先生がそれに失敗すると、うまく教えられない。子どもは嫌いな先生からは音楽を愛することを学べないのだ。

練習について口やかましく言うべきではない。楽器がいくらしたかとか、そのお金を工面するのにどれだけ苦労したかということも子どもに言うべきではない。そのような発言は、罪の意識や恨みを生むだけだ。音楽の感受性や音楽への興味を育む助けにはならない。

親は子どもの「偉大な」音楽的才能を予見するのも慎むべきだ。「練習すれば、おまえはすごい演奏家になれるぞ」といったコメントは、子どものやる気をそぐ。子どもは、親の幻想を保つためには新しいことに挑戦しなければいいのだ、と考えるかもしれない。

子どもは、自分の困難が理解され、評価されていることがわかると、もっとも勇気づけられる。三度目のピアノのレッスンの際、六歳のロズリンは新しいスキルを試さなければならなかった。両手で一オクターブ八音の音階を弾かなければならなかったのだ。先生は正確にそれをやって見せ、こう言った。「ほら、簡単でしょう。やってごらんなさい」ロズリンはなんとか先生の真似をしようとしたが、うまくいかなかったので、落胆してレッスンから帰ってきた。

家で練習するとき、母親は先生とちがい、こう言った。「八音の音階を弾くのは、片手でも簡単じゃないのに、両手を使ったら、もっとむずかしいわ」ロズリンはすぐに同意した。ピアノの前にすわったロズリンは、正しい指で正しい音符をゆっくりひろった。「正しい音ね。指の使い方も正しいわよ」と母親が言うと、娘は明らかに満足して答えた。「すごくむずかしいんだ」

その日、ロズリンは決められた時間をこえて練習をつづけた。その週のうちに、さらに高度な練習を自分に課し、鍵盤を見ずに一オクターブの音階を弾けるようになるまで満足しなかった。

子どもはアドバイスやほめ言葉をかけてもらうより、またにわかじたての解決策を提示してもらうより、**困難を、共感をもって理解してもらうほうが、元気づけられる**のである。

教師の否定的見解を前向きにとらえる

先生との懇談は、親をおじけづかせることがある。なぜなら、しばしば、自分の子どもについての不愉快な批判的コメントを聞かされるからだ。どうすればそうした懇談会を建設的なものにできるだろう？

ドンの父親はメモ用紙とペンをもって先生との懇談会にやってきた。息子についてどんな否定的な見解を聞いても、それを前向きの方針へと翻訳するつもりだった。

父親：ドンの様子はどうですか？

先生：ええと、あのですね、お宅の息子さんは、時間に間に合うように登校しません。宿題もやってきませんし、ノートのとり方はめちゃくちゃです。

父親（書きとめて）：ということはつまり、遅刻しないように学校にくる、宿題をする、ノートをきちんととるという点で、改善が必要だということですね。

父親が先生との懇談会から戻ってくると、十歳のドンは、「先生、ぼくのこと何て言ってた？」とたずねた。「先生が言ったことを書いてきたよ。読みたかったら、読んでもいいぞ」と父親は答えた。

素行不良と宿題について、いつも言われていることをまた言われるのかと予想していたドンは、父親の書いたメモを読んで驚いた。過去の過ちではなく、改善すべき点に焦点があてられていたからだ。それは責めるのを避け、方向性と希望を示していた。ドンも父親も、そのメモから大きな恩恵を受けた。

先生との懇談はすべて、そのような建設的な結果に導くことができる。いくつか例をあげておこう。

「フランクは、クラスのディスカッションにもっと貢献できるはずだ。その点で改善の余地がある」

「セリアは他人を侮辱せずに怒りを表現することと、議論を穏やかに解決する点で、改善する必要がある」
「ビルは一人で勉強することを覚え、宿題を最後までやるということに関して、改善の余地がある」

子どもの社会を観察しよう

わたしたちは、頭のなかでは、子どもたちに自分で友だちを選んでもらいたいと思っている。わたしたちは自由を信じており、強制には反対する。自由な交際が民主主義の基本的権利であることを知っている。

とはいっても、子どもはしばしば受け入れがたい「友だち」を家に連れてくる。わたしたちは、いじめっ子や気取り屋はやはり好きになれないかもしれないし、行儀の悪い子を我慢するのもむずかしいかもしれない。しかし、かれらの行動が目に余るものでないかぎり、子どもの選択をとやかく言わずに、子どもの好みを観察していたほうがいいだろう。

子どもの友だちの選択は、どのような尺度で評価すればいいのだろう?

友だちはおたがいに、有益で矯正しあうような影響をおよぼすべきだ。子どもは、自分とは異なる性格をもった人間や、自分の性格を補う人間とつきあう機会を必要とする。つまり、ひきこもりがちな子どもは、より外交的な友だちとのつきあいを必要とする。過保護な子どもは自立心のある友だちを必要とし、恐れの強い子どもは勇気のある子どもとつきあうべきだ。未熟な子どもは年上の遊び仲間とのつきあいから利益を得るし、あまりに夢見がちな子どもはより現実的な子どもの影響を必要とする。攻撃的な子どもは、強いがけんかっ早くない遊び仲間といっしょにいると、攻撃性が抑えられる。

わたしたちのねらいは、子どもを、本人とは異なる性格の友だちとつきあわせることで、相補いあう関係を助長することにある。

もちろん、やめさせたほうがいい友だちづきあいもある。たとえば、幼稚な子どもたちはおたがいの幼さに寄りかかりあっているだけである。けんかっ早い子どもたちは、おたがいの攻撃性を助長しあうだけだ。ひきこもりがちな子どもたちは、社会的なもちつもたれつの関係に深入りできない。不良の子どもたちはおたがいの反社会的傾向を強化しあう危険がある。犯罪行為を美化する子どもたちは、特別な注意をもって、強力な「仲間」になるのを防がなければならない。学校や近隣で英雄視され、好ましくないロールモデルになる可能性があるからだ。

子どもの友だちづきあいに影響をおよぼすためには、子どもの友だちに接しなければならない。友だちを家に連れてくるよう、子どもに勧めるといいだろう。友だちの親と知りあいになるのもいい。さまざまな友だちが自分の子どもにどんな影響をおよぼしているか、観察することもできるだろう。

子どもに自分の友だちを選ぶ責任をとらせつつ、ためになる友情を育む方向へと導いてやるには、行きすぎを防ぐ微妙なバランスが必要である。

子どもの自立心を育てるために

よい親というのは、よい教師と同じように、子どもにとっていなくてもすむようになっていく親である。物事を自分で決めて自分の力でできる自立へと導く関係こそ、望ましいものだ。そのためには、会話のなかで、子どもの決断能力を信じていることを示す言葉をかけるといい。子どもからの要求にこたえるときも、ただ「いいわよ」と言うのではなく、自立心を育むために、次のような言葉を使う。

「もしあなたがそうしたいならね」

「あなたはそのほうがいいと思うのね」
「それは完全にあなたの選択よ」
「あなたがどう決めても、私はいいわよ」

ただ「いいわよ」と答えるより、右のような言葉を使えば、子どもは自分で決断をくだしたという満足を味わい、親に信頼されているという喜びを感じるだろう。

だれでも、子どもに責任ある大人になってもらいたいと思っている。もし子どもを尊重する気持ちがなければ、責任感を養うための教えは迷走してしまうだろう。日々の雑用、食べ物、宿題、おこづかい、ペット、友だちなどは、親の導きが大切な領域である。そのような導きが、望ましい効果を発揮するには、自立を求める子どもたちの戦いを理解し、細やかな神経をもってなされなければならない。

〈5章〉罰しないでしつける方法

医療の原則に、「何より害をなさないこと」というヒポクラテスの教えがある。親も、子どもをしつける過程で、子どもの心の健康を損なわないことを第一にしなければならない。

しつけの基本は、罰に代わる効果的な方法を見出すことにある。

とても聡明なウィリアムス先生が非行少年たちの学校でおこなった最初の授業を紹介しよう。先生が自分の机に向かって歩いていたとき、何かにつまずいて倒れ、クラス中の生徒が大笑いした。ウィリアムス先生は、自分を笑ったことで生徒たちを罰するかわりに、おもむろに立ちあがって背筋をしゃんと伸ばし、こう言った。「これがあなたたちへの私の最初の教えです。人はばったり倒れてしまっても、また立ちあがれるのです」教室はシンと静まり返った。先生のメッセージは受けとめられた。

ウィリアムス先生はしつけの達人だった。どんな親でも、脅しや罰を使わずに知恵を働かせれば、しつけの達人になることができる。

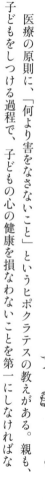

親が子どもを罰すると、子どもは腹を立てる。自分自身や親を憎みはじめる。怒りに満たされ、恨みを抱いた子どもたちは、何も聞くことができないし、集中することもできない。したがって、しつけをする場合には、怒りを生みだすものはすべて避け、自分や他人を敬う気持ちや自信を高めるものを育まなければならない。

では、親はなぜ子どもを怒らせるのだろう？　配慮が足りないからではなく、スキルが足りないからだ。**多くの親は、自分たちが吐くどんな言葉が子どもを傷つけるのか自覚していない。**親が懲罰《ちょうばつ》に頼ろうとするのは、子どもを攻撃せずに困難な状況を扱う方法を、だれにも教えられてこなかったからだ。

ある母親は次のような出来事を話してくれた。ある日、息子のフレッドが学校から帰ってきて、ドアを開けるなり、こう叫んだ。「先生なんて大嫌い。友だちの前でぼくのことどなったんだ。ぼくがおしゃべりをして授業をだいなしにしたって。それでね、罰だと言って、一日中、廊下に立たせられてたんだよ。二度と学校なんか行きたくないよ！」

息子の怒りに動揺した母親は、心に浮かんだ最初のことをうっかり口にした。「ルールにしたがわなくちゃならないことは、よくわかってるでしょ。勝手にしゃべっちゃいけないときがあるの。ルールを守らなければ、罰せられるのよ。これで勉強になったわね」

母親にそんなふうに言われ、フレッドは母親にも怒りを覚えた。

もし母親が次のように言っていたらどうだっただろう。「廊下に立っていなきゃならなかったなんて、すごくきまりが悪かったでしょう！　それに友だちの前でどなられるなんて、恥ずかしいわよね！　あなたが怒るのも無理ないわ。だれだってそんなふうに扱われるのはいやよ」フレッドの怒りを映しだすこのような反応は、フレッドの怒りをやわらげるだけではなく、母親に理解され、愛されているとフレッドに感じさせただろう。

そのような対応をしたら、子どもの無作法なふるまいを気にしていないと受けとめられるのではないか、と心配する親もいる。しかし、フレッドのケースに関して言えば、フレッドは学校ですでに罰を受けて帰ってきた。だから、母親にまたしかられるのではなく、自分の気持ちを理解してもらいたいと思った。つまりフレッドは、自分の怒りを克服するために母の助けを必要としたのだ。

子育てにあたるときには、**子どもが感じていることを理解する能力、すなわち共感の能力が非常に大切な要素となる。**

最近、ある電器店に行ったら、店のオーナーにこう言われた。「あなたがしつけについて言っていることを聞いたんだが、私は賛成しないね」それから彼は掌《てのひら》を広げ、「これが私の心理学だよ」と誇らしげに言った。

そこで、私は彼に、コンピュータやステレオやテレビを修理するときにも、同じ「掌療法」を用いるのかとたずねた。

「いや、とんでもない」と彼は答えた。「そういったものを直すときには、スキルと知識が必要だよ。なにしろ複雑な機械だから」

子どももまた、スキルと知識を備えた親を必要とするのだ。「掌療法」は、コンピュータを直せないだけではなく、子どもの素行を改めさせることもできない。**親に罰せられたあとで、「おこないを改めよう。罰してくれる大人を喜ばせたいから、もっと責任をもち、協力的になろう」と自分に言い聞かせる子どもはいない**のだ。

しつけは外科手術と同じように正確さを要する——でたらめな手術をやってはならないように、不注意な攻撃は避けなければならない。わたしたちがよくおちいる矛盾に気づいたある母親は、こんなふうに述べている。「私は、子どもにやめさせようとしていることを自分もしていることに気づきました。騒ぐのをやめさせるために声を荒らげるし、けんかをやめさせるために力を用います。無礼な子どもには粗野に接し、悪い言葉を使う子はののしってるんですから」

素行不良と罰は、おたがいに打ち消しあう対立物ではない。逆におたがいに育みあい、強化しあう。罰はぶしつけなふるまいを阻止しない。悪さをする者を、よりずるがしこくさせるだけだ。子どもたちは罰せられると、従順になろうとか責任をもとうとか思うのではなく、もっと抜け目なくなろうと心に誓うのだ。

自信をもてない親

昔の親のしつけ方と、わたしたちのしつけ方のちがいは何だろう？　わたしたちの親や祖父母は、権威をもってしつけをした。それにたいして、わたしたちはためらいがちにしつけをする。昔の親たちは、自分がまちがっている場合ですら自信をもって行動した。いっぽう、わたしたちは、正しい場合でも疑いつつ行動する。

子どもとかかわるときのわたしたちのためらいは、どこから生じるのだろう？　児童心理学者たちは、不幸な子ども時代がいろいろな意味で高くつくことを、わたしたちに警告してきた。そのためわたしたちは、子どもの人生をだいなしにしてしまうことを、ひどく恐れるのだ。

●愛されたいという欲求

ほとんどの親は子どもたちを愛しているが、いつでも子どもたちに愛されていたいというせっぱつまった欲求に動かされてはいけない。自分たちの結婚を正当化するために、また、人生を意義あるものにするために子どもを必要とする人々は、不利な立場に立たされる。そういう人たちは、子どもの愛を失うのを恐れるあまり、子どもが何をしても否定せず、したい放題にさせてしまうのだ。子どもは親が愛に飢えていると感じると、情け容赦なくそれを利用する。不安な召使いをこき使う暴君になるのだ。

多くの子どもたちは愛を引っこめることで親を脅す方法を学んできた。子どもたちは、「もし……したら、あなたを愛してやらないぞ」と匂わせて、かなり露骨に親をゆする。悲劇は子どもの脅しにあるのではない。親が脅かされていると感じる事実にある。一部の親は子どもの言葉に本気で惑わされる。愛してくれるよう子どもに懇願したり、甘やかすことで子どものご機嫌をとろうとしたりするのだ。これは、親子双方にとって破壊的である。

夕食後、十四歳のジルが、学校のプロジェクトをやるために友だちの家に行っていいかと親にたずねた。父親が「学校がある日の前夜は外出禁止」という家のルールをくりかえすと、その訪問はただのつきあいではなく、宿題をやることも含まれているのだとジルは主張した。父親は態度を軟化させ、十時半までには帰ってくるという約束で、ジルを行かせた。

十時半になってもジルが帰ってこないので、父親が電話をかけると、「徹夜することにしたの」とジルは言った。

父は怒った。荒々しいやりとりの末、ジルは命じられて家に帰った。ジルの父親は、自分でつくったルールを破ることによって、ルールを破っていいなら約束も破っていい、というメッセージを送ったことに気づかなかった。翌日、ジルは父に向かって、「私はいつだって、お父さんにやりたいことをやらせてもらえるわ。どんなことでもお父さんを説得できる」と自慢さえした。

この出来事と同じような目に何度もあってきた父親は、考えこんでしまった。ルールをつくるのは簡単だが、それを実行させるのがむずかしいのはなぜか、理解できなかったのだ。娘に簡単に説得されてしまうことを、父親は認めざるをえなかった。

考えた末に、ジルに拒絶されると自分がいかに傷つくか、ということに父親は気づいた。それだけ、ジルに愛されることを必要としていたのだ。そのときになってはじめて、彼は本気で娘に「ノー」と言えるようになった。

●寛大さと甘やかし

寛大さとは何だろう？　甘やかしとは何だろう？

寛大さとは、子どもたちの子どもっぽさを受け入れる姿勢である。それは「子どもが子どもであること」を受け入れることだ。子どもが着ているきれいなシャツは、ずっときれいなままではないこと、歩くのではなく走るのが、子どものあたりまえの移動手段であること、木は登るためにあり、鏡はしかめ面をするためにある、ということを受け入れることだ。

寛大さの本質は、子どもはあらゆる種類の感情や願望を抱く権利を生まれながらにしてもっているという事実を、受け入れることだ。願望を抱く自由は絶対的なもので、なんの制限もない。あらゆる感情、空想、思考、願望、夢、欲求は、いかなる内容をもっていようとも、尊重され、受け入れられなければならない。そして、適切な手段を通して表現することが許される必要がある。

魚は泳ぎ、鳥は飛び、人は感じるのだ。

子どもは自分がどう感じるかをコントロールはできないが、それらの感情を表現する方法には責任がある。つまり、**子どもは自分の感情には責任をもてないが、自分のふるまいにだけは責任をもてる。**破壊的な行動は許されない。子どもがそのような行動に走ったら、親は介入し、それを言葉によって発散させたり、なんらかの表現手段を用いて表現させたりする必要がある。許される表現手段としては、いじわるな絵を描く、近所を走りまわる、邪悪な願望を録音テープに吹きこむ、辛らつな詩を書く、殺人ミステリーを書く、といったことがあげられよう。要するに、寛大さとは、想像の上での象徴的行為を受け入れる、ということなのだ。

いっぽう、**甘やかしとは好ましくない行動を許す**ことである。あらゆる感情を許し、受け入れることは、子どもに自信をもたらし、気持ちや考えを表現する能力を高めていく。ところが、甘やかしは不安をもたらし、かなえられない特権を求める要求をエスカレートさせていく。

感情を許し、行動を制限しよう

私がすすめるしつけの試金石は、願望、感情、行動を区別することにある。わたしたちは**行動には制限を課すが、願望や感情は規制しない**。

ほとんどのしつけの問題は二つの部分（怒りの感情と怒りの行動）からなっている。この二つはそれぞれ、別個に扱わなければならない。感情は認めてやり、処理しなければならない。行動は制限し、向きを変えてやる必要があるだろう。ときには、子どもの感情を認めてやるだけで緊張がほぐれる場合もある。

母親：今日は怒ってるようね。
ローネン：そうだよ！
母親：しゃくにさわってるのね。
ローネン：そのとおりさ！
母親：だれかを怒ってるのね。
ローネン：そう。母さんだよ。
母親：理由を話してくれない？
ローネン：ぼくのことリトルリーグの試合に連れてってくれなかったのに、スティーブのことは連れてっただろう。
母親：それで怒ってるのね。「母さんはぼくよりスティーブのほうが好きなんだ」って思ったんでしょう。
ローネン：うん。
母親：ときどき本気でそう感じるのね。
ローネン：そうだよ。

母親：あのね、そう感じるときには私のところにきてそう言ってくれない？

制限を課さなければならない場合もある。四歳のマーガレットは猫の尻尾の内部がどうなっているか見るために、切ってみたくなった。父親はマーガレットの科学的好奇心は受け入れたものの、彼女の行動にははっきりとした制限を課した。「なかがどうなっているか見てみたいという気持ちはわかるよ。だけど尻尾はそのままにしておいてやらなくちゃな。なかがどうなってるかわかる絵がないかどうか、調べてみよう」

五歳のテッドが居間の壁に落書きしているのを母親が見つけた。最初はたたこうかと思ったが、テッドがひどく怯えているようだったので、たたくかわりに母親はこう言った。「だめよ、テッド、壁は絵を描くところじゃないの。絵は紙に描くのよ。ほら、紙を三枚あげるわ」それから母親は壁を拭《ふ》きはじめた。テッドはとても喜んで、「ママのこと、大好きだよ」と言った。

これを次の対応とくらべていただきたい。「あなた、何してるの？　いったい、どうしたっていうの？　壁を汚しちゃいけないことくらいわかってるでしょ？　ほんとにどうしようもない子ね」

●子どものためになるしつけ方と、ためにならないしつけ方

子どものためになるしつけ方と、ためにならないしつけ方のあいだには、大きなちがいがある。

子どもをしつけるとき、親は、好ましくない行動はやめさせるが、そのような行動を生みだした衝動は無視することがある。親が子どもに制限を課すのは怒った言いあいの最中で、一貫していないことが多く、屈辱的な言葉が使われやすい。おまけに、子どもが親の言うことを聞けるような状態ではないときに、反感を招く言葉でしつけがなされるので、しばしば子どもたちは、ただ特定の行動を批判されたのではなく、人間としてよくないと宣告されたような印象を抱く。

子どものためになるしつけは、子どもの行動と感情の両方に注意を向ける。子どもに感じていることを話させるいっぽうで、好ましくない行動には歯止めをかけ、ちがう方向へと導いてやるのだ。制限を課すときには、子どもの自尊心だけではなく、親の自尊心も損なわないよう注意する。制限は恣意的《しいてき》で気まぐれであってはならず、教育的で人格を形成するものでなければならない。

暴力や脅しによって行動を規制するようなことはしない。子どもは行動を規制されると親に恨みを抱くことがあるが、それはあらかじめ予測され理解されているので、

子どもは規制に憤慨したからといって、それ以上、罰せられはしない。

このようなしつけをしていると、子どもたちは自然に、ある種の行動はやめたり変更したりする必要があることを受け入れるようになるだろう。つまり、親のしつけが、最終的に子どもを自制に導く可能性があるということだ。子どもは親と同一化することによって、親が具現している価値を自分のなかに取り入れ、自制するための内的な基準をつくっていくのだ。

うながす、許す、禁ずる

子どもたちは、許される行為と許されない行為をはっきり決めてもらう必要がある。許される行為の境界を知っていると、安心するのだ。子どもたちの行動は次の三つの異なった領域に分けられる。

一つ目は求められ、許容される行動。わたしたちが寛大な気持ちで見ていられる行動の領域である。二つ目は許容されないが、特別な理由で我慢される行動。特別な理由としては、次のようなものがあげられる。

1　学んでいる段階だから大目に見る。仮免許のドライバーは、右折するサインを出して左折しても、違反のチケットを切られない。そのような過ちは、将来の改善を見越して大目に見られるのだ。

2 大変なときだから大目に見る。特別ストレスがかかる状況――事故、病気、引越し、友だちとの別離、家族の死去や離婚――のときも大目に見られる。つらい時期で、適応する必要があるから許されるのだ。特別な状況だから我慢しているということが、わたしたちの態度にはっきり示される。

第三の領域に属するのは、わたしたちがどうしても我慢できず、とめざるをえない行動である。それには、家族の健康や安全、経済的な安定を脅かす行動のほか、法律や道徳や社会的な慣習によって禁じられている行為も含まれる。

子どもたちは最初の領域で容認されることが重要であるのと同じように、第三の領域では禁じられることが重要である。

ある女の子は父親が正しい基準をもっていないと考えた。彼女が夜遅く外出するのを許したからだ。別の少年は親を敬う気持ちを失った。自分の作業場をほとんどこわしてしまった友人たちの荒っぽい遊びをとめてくれなかったからだ。

幼い子どもたちは、自分たちの反社会的な衝動を扱うのに苦労する。親はそのような衝動を制御する子どもの戦いに味方しなければならない。**境界を定めてやることによって、子どもに手を貸す**のだ。境界は、危険な行為をとめるだけではなく、次のようなメッセージを暗黙のうちに伝える。「あなたは自分の衝動を恐れる必要はないの。私が危険なところまでは行かせないから、安全よ」

●限界を定めるテクニック

すべての教育がそうだが、境界を定めるときにも、成果はプロセスいかんで決まる。境界を定めるときには、次の二つのこと、（a）受け入れられない行為は何か、（b）それに代わる受け入れられる行為は何か、をはっきりと伝えなければならない。たとえば、「お皿は投げてはいけないが、枕なら投げてもいい」という具合に。

制限は、部分的でないほうがいい。たとえば、妹に水をはねかける男の子に注意する場合、「少しだけならかけてもかまわないけど、ずぶぬれにさせちゃだめよ」といった言い方をすると、トラブルの引き金になる。そのようなあいまいな言い方は、子どもが判断するためのよりどころにならないのだ。

制限を課すときは、本気であることが伝わるように、毅然《きぜん》として言いわたすこと。どうすればいいか心もとないときには、口出しせず、まず自分の態度を決めたほうがいい。言葉をにごすと、際限のない口論に巻きこまれる。また、おぼつかない口調で制限をかけると、子どもたちは挑戦的になり、勝者のいない意地の張りあいとなる。

限界を言いわたすときには、恨みを最小限にとどめ、自尊心を損なわないような言い方を工夫しなければならない。限界を定めるプロセス、つまり「ノー」と言うプロセスは、侮辱ではなく、権威を伝えるべきだ。具体的な出来事を扱うべきであって、子どもの性格をとやかく言うべきではない。以下に好ましくない例をあげておこう。

八歳のアニーが母親といっしょにデパートに行った。母親が買い物をしているあいだ、アニーはオモチャ売り場を歩きまわり、三つのオモチャを選んだ。母親が戻ってくると、アニーは無邪気にこうたずねた。「どのオモチャをもって帰れる?」

ほんとうに欲しいかどうかもわからないドレスを買うのに、お金を使いすぎたばかりの母親は、うっかりこう口走った。「まだオモチャが欲しいの? 家には使ってもいないオモチャがあるっていうのに。あなたは、見るものは何でも欲しくなるのよ。少しは我慢することを覚えなきゃ」そう言ってしまってから母親は、自分がなぜ突然怒りだしたかに気づいた。そこで、娘をなだめるために、アイスクリームで娘を買収しようとした。しかしアニーの顔からは悲しげな表情が消えなかった。

子どもが、しりぞけざるをえない要求をしたときでも、少なくとも、それを望むことの楽しさは認めてやれるだろう。そうすれば、現実には満たせない子どもの願望を、空想のなかで満たせるかもしれない。それは子どもをさほど傷つけずに「ノー」という方法になる。アニーの母親は次のように言ってもよかっただろう。「オモチャを家にもって帰りたいのね」

アニー：もって帰れる？
母親：どう思う？
アニー：だめだと思う！　でも、どうして？　ほんとにオモチャが欲しいのに！
母親：だけど、風船かアイスクリームならもって帰れるわよ。どちらがいいかあなたが選ぶの。

たぶん、アニーは選択するだろう。ひょっとしたら、泣きだすかもしれない。いずれにせよ、母親は自分の決定を曲げないだろう。しかし、オモチャを欲しがる娘の欲求を表現して、娘の気持ちにたいする理解をもう一度示してもいい。「オモチャを一つでもいいからもって帰りたいのね。すごく欲しいってことは、あなたが泣いちゃったくらいだからわかるわ。それを買ってあげられる余裕があればよかったんだけどね」

娘が学校に行きたくないと言いだしたら、「学校には行かなくちゃならないのよ。子どもはみんなそうなの。それが法律なの」と言うかわりに、次のように言って、少なくとも空想のなかで子どもの願望をかなえてやったほうが、より思いやりのある反応と言えるだろう。「今日が休みだったらよかったのに、と思ってるんでしょう。月曜日じゃなく土曜日で、友だちといっしょに遊びに行ければよかったって。少なくとも、もう少し眠っていたいのね。わかるわ。朝食は何にする？」

ただたんに否定するより、空想のなかで願望をかなえたほうが心を傷つけないのは、なぜだろう？　子どもがどう感じているかを親が理解していることを、そうした反応が示しているからだ。**人は理解されると、愛されていると感じる。**

何年も前のことになるが、私はアラスカのイヌイット族の村にある小学校を訪れ、ハーモニカを演奏して子どもたちを楽しませたことがある。演奏が終わると、一人の子が私のところにやってきて言った。「あなたのハーモニカが欲しいです」

私はこう答えることもできた。「いや、きみにハーモニカはやれないよ。これ一つしかもっていなくて、必要なんだよ。それにこれは兄にもらったものなんだ」

私がそのように言ったら、子どもはきっと拒絶されたと感じ、楽しいお祭り気分は吹きとんでしまっただろう。かわりに、私はこう言うことで、現実にあたえられないものを空想のなかであたえた。「きみにあげられるハーモニカを一丁もっていればよかったよ！」

するとまた別の子どもがやってきて、同じ要求をしたので、こう答えた。「きみたちにあげられるハーモニカを二丁もっていればよかったよ！」

最終的に二六人の子どもが全員やってきたので、私はどんどん数を増やしていき、「きみたち一人一人にあげられるハーモニカを二六丁もっていればよかったよ」と締めくくった。いつのまにか、子どもたちが喜ぶゲームになっていたのだ。

私が新聞のコラムにこの出来事を書いたら、編集者がこう書いてよこした。「今後は、原稿をボツにしなければならなくなったら、『あなたの原稿を出版できればよかったのですが』と書くつもりです」

●限界を定めるときの言いまわし

限界を言いわたす表現はともすれば抵抗を招きやすいが、次のような点に注意すれば、協力を得やすいだろう。

1　子どもの願望を認め、それをシンプルな言葉に置きかえる。

「今夜、映画に行ければいいのに、と思ったのね」

2 具体的な行動について、その限界をはっきりと述べる。

「でも、学校がある日の前の晩は、映画に行けないというのがわが家のルールよ」

3 子どもの願望を少なくとも部分的に実現できる方法を指摘する。

「金曜日か土曜日の晩なら行ってもいいのよ」

4 子どもが制限を課されたときに抱きやすい怒りを表現するのを助け、同情を示す。

「あなたがルールを気に入らないのは明らかかね」

「『映画は毎晩OK』というルールならよかったと思ってるんでしょう」

「あなたが大人になって自分の家庭をもったら、きっとこのルールを変えるわね」

いつもこうしたパターンを使うのは不可能だし、そんな必要もない。ときにはまず限界をもうけ、そのあとで感情をくみとる必要があることもある。子どもが妹に向かって石を投げようとしていたら、母親は「妹じゃなく木に投げなさい！」と言い、木の方向を指さして子どもの気をそらすのが賢明だろう。そのあとで感情を理解し、その感情を表現する無害な方法をいくつか提案すればいいのだ。

「妹に石を投げたくなるくらい怒ってたのね」

「妹が憎らしいかもしれないけど、妹を傷つけちゃだめなの」

「そうしたければ、自分がどんなに怒ってるか、私に話したり見せたりしてもいいのよ」


限界は、子どもの自尊心を傷つけない言葉で伝えるべきだ。客観的な言葉で、簡潔に述べると、限界は案外聞き入れられやすい。

「あなたはまだ小さいんだから、こんなに夜遅くまで起きてちゃいけないの。寝なさい」と言うより、ただ「寝る時間よ」と言うほうが、容易に受け入れられる。同じく、「今日はもうたっぷりテレビを見たでしょう。消しなさい」と言うより、「今日のテレビの時間はおしまい」のほうがいい。「彼のことどなるのはやめたほうがいいわ」より、「おたがいにどなるのは禁止」のほうが受け入れられやすい。

物の機能を指摘して限界を示すのも受け入れられやすい。たとえば、「椅子の上に立っちゃだめ」より、「椅子は立つためじゃなく、すわるためにあるのよ」のほうがいい。「ブロックを投げちゃだめ」より、「ブロックは投げるためじゃなく、遊ぶためにあるのよ」のほうがいい。

●子どもはエネルギーを発散する健全なはけ口な必要としている

幼い子どもたちのしつけの問題の多くは、身体的活動の制限をめぐって起こる。「走っちゃだめ――ほかの子みたいに歩けないの?」「そこらじゅうを飛びはねるんじゃない」「背筋を伸ばしてすわりなさい」「ころんで足を折るわよ」といった具合だ。

子どもは心身の健康のために、走る、はねる、登る、スキップするといった活動を必要とする。だから、子どもたちの体を使った活動は規制しすぎないようにすべきだ。家具が傷つくのを心配する気持ちはわかるが、子どもたちの健康のほうが大切である。子どもの身体的活動を禁じると、精神的なストレスがたまり、攻撃性として表現される可能性がある。

運動によってエネルギーを発散する適切な環境を整えてやることは、子どもをうまくしつけるためだけではなく、親の生活を楽にするためにも重要だ。この点は往々にして見過ごされやすい。

子どもたちは活発な遊びを必要としている。球技、縄跳び、ランニング、水泳、スケート、野球、体操、ローラーブレード、サイクリングなど、なんでもいいのだ。学校は子どもたちの運動の必要性を認め、授業中や放課後の身体教育のプログラムに力を注ぐようになってきている。

●しつけの実行

親が断固とした態度で、しかも攻撃的ではない表現を用いて限界を示せば、子どもはたいていしたがうだろう。しかし、ときにはルールを破ることがある。問題は、子どもが制限を破ったとき、どうすべきかということだ。

教育的な見地から、親は、思いやりはあるがきびしい大人の役割を通す必要がある。理屈をこねたり、しゃべりすぎたりしてはならない。また、その制限が公正かどうかの議論に引きこまれないようにしなければならない。長々とした説明も不要だ。妹をたたいてはいけない理由を子どもに説明する必要はないのだ。「人は傷つけるためにいるんじゃないのよ」と言うだけでいい。同じく、窓だって、割るためにあるのではない。

決められた限界からはみだすと、子どもの不安は高まる。報復や罰を恐れるからだ。そんなとき、親は子どもの不安をわざわざ増幅させる必要はない。子どもが面目を失わずに衝動を制御するのを助けてくれる大人を必要とするのは、このようなときなのだ。ある母親の次のような言葉は、子どもが衝動を制御する助けにならない。「私がどならなきゃ気がすまないようね。わかったわ。（大きな甲高い声で）やめなさい！さもないと後悔するわよ！　もう一つ物を投げたらひどいからね！」

この母親は脅しや約束を使うかわりに、以下のような言い方で、自分の本物の怒りをもっと効果的に表現できたはずだ。**「あなたが物を投げるのを見ると、お母さん、頭にくるわ！」「お母さん、怒ってるのよ！」「これは投げるためにあるんじゃないの！投げるならボールにしなさい！」**

限界を定めるとき、親は意地の張りあいにならないよう注意しなければならない。次の例では、五歳のマーガレットと父親が午後のひとときを公園で楽しんでいる。

マーガレット：私、ここが好き。家に帰りたくない。あと一時間、ここにいる。

父親：おまえがそう言っても、お父さんはそうさせられないよ。

この言い方は、いずれも好ましくない二つの結果のどちらかに導く。子どもにとっての敗北か、親にとっての敗北だ。権威に逆らう娘の脅しではなく、遊び場にとどまっていたいという子どもの欲求に焦点をあてたほうがいい。たとえば、父親はこんなふうに言ってもよかっただろう。「おまえがここを好きだというのはわかった。もっと長くいたいと思ってるんだろう。たとえ十時間でもな。だけど、家に帰る時間だ」

もし一、二分してもまだマーガレットが食い下がるようだったら、父親は彼女の手をつかむか抱きあげるかして、遊び場から連れだしてもいいだろう。小さな子どもの場合、言葉で言うより行動で示したほうがいいことも多い。

●親はたたかれるためにいるのではない

子どもが親をたたくのを、けっして許してはならない。そのような身体への攻撃は親子双方にとって有害だ。子どもは報復されるのではないかと心配し、恐れる。親は怒りや憎しみを感じる。たたくのを禁じるのは、子どもに罪の意識や不安を感じさせないために、また、親が子どもへの思いやりを保つためにも必要である。

ときどき、こんな愚劣《ぐれつ》な場面を目撃する。親が、向こうずねを蹴られるのを避けようと、かわりに手でぶってくれと子どもに提案しているのだ。「少しならぶってもいいけど、本気で痛くしちゃだめ」四歳の子どもをもつ三十歳の母親が、息子に腕を差しだしてそう頼んでいた。思わず介入してこう言いたかった。「そんなことはやめなさい。子どもに親をたたかせるなんて、子どもにとって有害ですよ」

母親は即座に子どもの攻撃をやめさせるべきだったのだ。「人をたたいちゃだめ。あなたにそんなことはさせないわ」と言うか、「もし怒ったのなら、口でそれを言ってちょうだい」と言えばよかったのだ。

たとえどんな状況でも、親をたたくことは許されるべきではない。効果的な子育ては、親が大人の役割を放棄せずに、子どもとのあいだに尊重しあえる関係を築けるかどうかにかかっている。

「ぶってもいいけど痛くしちゃだめ」と子どもに言う母親は、小さな子にあまりに微妙な区別を要求している。そんなことを言われた子どもは、人を遊び半分でたたくことと、本気で痛めつけることとのちがいを検証してみたいという誘惑に抗しきれなくなるだろう。

●子どもはたたかれるためにいるのではない

たたくことは評判が悪いが、一部の親にはいまだに用いられている。それはふつう、脅しや説得などの通常のしつけの手段が通用しないとき、最後の手段として用いられる。計画的に子どもをたたく親はあまりいない。たいていは、我慢の限界に達し、怒りにかられてたたく。

子どもをたたくと、一瞬、効き目があるように思える。それは親のなかにたまった緊張を解き放ち、少なくともしばらくは、子どもを従順にさせる。そして、ある親が言っているように、「スッキリする」。

たたくことにそれほどの効果があるなら、なぜわたしたちは後ろめたさを感じるのだろう？　体罰に長期的効果があるとは、どうしても信じきれないからだ。力を用いると、だれでも多少のとまどいを覚え、こんな思いにかられる、「もっとましな問題の解決法があるはずだ」

もしあなたがカッとなって子どもをたたいたらどうだろう？　それはほとんどの親がときどきすることだ。「たまに、息子にとてつもない怒りを感じ、殺人者のような気分になるんです」とある母親は言った。「殺すかたたくかという選択だったら、私はたたきます。気持ちが落ちついたら、息子にこう言うんです。『私はただの人間よ。ある程度まではがまんできるけど、それ以上はだめなの。ほんとうは、たたくのは私の価値観に反してるの。ただ、がまんの限界をこえると、どうしても手が出ちゃうのよ。だから、私にがまんの限界をこえさせないでちょうだい』」

子どもをたたくことは、交通事故同様、受け入れられることではない。それでも交通事故は起こる。子どもをたたくことも、たまには避けられないことがあるかもしれないが、子育ての処方箋にすべきではない。子どもが挑発的な態度をとったり自分がいらだったりしたときに体罰に頼るのは、子どもをしつけるうえで得策とは言えない。なぜなら、子どもはそんな親を見て、次のような教訓を得るからだ。「怒ったり、イライラしたりしたら、解決策をさがす必要はない。たたけばいいんだ。それが親のしていることだ」

わたしたちは野蛮な感情を発散させる洗練されたはけ口をさがすことによって、創意を示さなければならない。それなのに力に頼れば、家庭をジャングルの掟《おきて》にしたがわせることになる。

ほとんどの親は子どもが弟や妹をたたくのを目撃すると、怒りにかられる。しかし、親が子どもをたたくとき、上の子に同じことをする許可をあたえているのに気づいていないのだ。

背丈が百八十センチ以上もある父親は、八歳の息子が四歳の妹をたたくのを見た。怒りにかられた父親は、息子をたたきながら言った。「いいか、自分より小さい者をたたくんじゃないぞ」

ある晩、七歳のジルが父親といっしょにテレビを見ていた。ジルが指をしゃぶり、わずらわしい音をたてるので、父親はいらだってこう言った。「頼むからやめてくれ。

おまえが指をしゃぶる音を聞いてると、イライラするんだ」ジルがやめないので、父はまた要求をくりかえした。それでも何も変わらなかった。四度目の忠告をしたあと、父親は怒りだし、ジルをたたいた。ジルは泣きだし、父親をたたいた。それが父親をさらに怒らせることになった。「いますぐ自分の部屋に行きなさい！」だがジルが言うことを聞かなかったので、父親は力ずくでジルを二階に連れていった。だれも見ていないテレビの音が階下でがんがん鳴り響くなか、ジルは泣きつづけた。

ジルは、大きな男が小さな少女をたたくのは許されるのに、自分が自分より大きな人間をたたくのが許されないのはなぜなのか、理解できなかった。このエピソードは、自分より小さな人間をたたいたときだけ、なんのとがめも受けずにすまされるという印象をジルのなかに残した。

ジルの父親は娘の協力を得るために、たたくよりもっと効果的な方法を用いることができたはずだ。たとえば、怒りを抑えきれなくなる前に、娘にこう言ってもよかっただろう。「ジル、どちらかを選びなさい。指をしゃぶるのをやめて、ここにとどまっているか、この部屋から出て、指をしゃぶりつづけるかのどっちかだ。自分で決めなさい」

体罰の最悪の副作用の一つは、子どもの良心の発達を阻《はば》む可能性があるということ

だ。子どもはたたかれると、いとも簡単に罪の意識から解き放たれる。悪いおこないの代償を払った子どもは、それをくりかえしてもいいという気持ちになる。

そのようなことをくりかえすうちに、子どもは不品行にたいする帳簿式アプローチとでも呼べそうなものを発達させていく。それは、悪いことをして台帳の片側に負債を書きこみ、週ごと、あるいは月ごとにたたかれることでその負債を支払うというやり方である。子どもは定期的に親を扇動《せんどう》することによって、たたくよう挑発する。ときには自分から罰を求めたり、自分で自分を罰することもある。

四歳のマーシーが相談員のところに連れてこられた。寝ている最中に髪を引き抜くからだ。母親は、娘に怒りを感じたとき、「あなたには頭にくるわ。髪を全部引っこ抜いてやりたいくらいよ」と言って脅すことを明らかにした。マーシーは、自分がそのような残酷な罰に値するほど悪い子だと思ったにちがいない。だから、寝ているあいだに、母親の願いをかなえてやったのだ。

罰を求める子どもは、罰そのものではなく、罪の意識や怒りを制御する助けを必要としている。それは簡単なことではない。状況によっては、悪いおこないについてオープンに話しあうことで、罪の意識や怒りがやわらげられることもある。

子どもが罪の意識や怒りを表現する、よりよい方法をあたえられ、親が限界をもうけて子どもにしたがわせる、よりよい方法を習得すれば、体罰の必要性は少なくなる。

　わたしたちが、子どものさまざまな感情を心から理解していることを示してやれば、子どもは感情豊かに育っていく。そのいっぽうで、子どもの受け入れがたい行為に限界をもうけ、ていねいにそれを守らせるようにすれば、かれらは社会生活のルールを尊重する知恵を身につけていくだろう。

〈6章〉イライラしないで過ごすために

文明は、小さな子どもの楽しみをたくさん禁止する役を、親に割りあててきた。親指を吸うのはだめ、ペニスに触るのはだめ、鼻をほじるのはだめ。幼児にとって、文明は冷たくて残酷だ。柔らかい胸のかわりに固いコップを差しだす。即座の慰めや温かいおむつのかわりに、冷えた瓶をさしだし、自制を求める。

子どもが社会的存在になるためには、いくつかの規制は避けられない。しかし、親は警官の役割を過剰に演じるべきではない。でないと、子どもの恨みや抵抗や敵意を買うことになるだろう。

気持ちよく一日のスタートを切る

親は朝、学校に通う子どもを起こす役になるべきではない。子どもは自分の眠りや夢を妨げられれば恨むし、親が部屋に入ってきて毛布をはぎ取り、ほがらかな声で「今日も元気にはじめよう」などと言えばうとましく思う。**本人にとってもまわりの人にとっても、子どもは目覚まし時計で目覚めるのがいちばんいい。**

八歳のエミリーは朝、ベッドからでるのをつらく感じていた。毎朝、もう二、三分、もう二、三分と思いながらいつまでもベッドにとどまろうとした。母親はやさしいときも不機嫌なときもあったが、エミリーはいつも同じだった。のらりくらりと起き、ふてくされて朝食をとり、学校に遅れて出かけた。毎朝の口論で、母親は疲れがたまり、怒りっぽくなった。

母親がエミリーに、目覚まし時計という予期せぬ贈り物をすると、事態が好転した。贈り物の箱のなかにはメモがあった。「朝早く人に起こされるのが嫌いなエミリーへ。今日からはあなたが自分のボスよ。愛する母より」エミリーは驚き、喜んで言った。「私が人に起こされるのが嫌いなの、どうしてわかったの?」母親は微笑んで答えた。「お母さん、考えたのよ」

翌朝、目覚まし時計が鳴ったとき、母親はエミリーに言った。「早すぎるんじゃない。もう少し寝ていたらどう?」エミリーはベッドから跳ねおきて言った。「だめよ。学校に遅れるわ」

朝、簡単に起きられない子どもを怠け者と呼んだり、起きて機嫌よくできない子どもを気むずかしいと決めつけたりするべきではない。朝、目を覚ましてはつらつとふるまえない子どもをあざけってはならない。そういう子どもは、急《せ》かせずに、十分よけいに寝かせたり、ぼんやりさせてやるほうがいいのだ。目覚まし時計を早めに設定しておけば、それができる。そのとき、かける言葉は共感と理解のあるものを。


「今朝は起きるのがつらいわね」

「ベッドに横になって夢を見るのは楽しいものね」

「もう五分、横になってなさい」


右のような言葉は朝を明るくし、温かさと親密さを生みだす。それとは対照的に、次に掲げる怒りや蔑《さげす》みの言葉は、寒い荒れた朝をおびきよせる。


「起きなさい、この怠け者!」

「いますぐベッドから出なさい」

「まったく、いつまで寝てれば気がすむの」

子どもの健康を思いやる質問、たとえば、「どうしてまだ起きられないの？　具合が悪いの？　どこか痛いの？　お腹？　それとも頭？」といった質問はすべて、やさしい思いやりをかけてもらうには病気になればいいんだ、という考えを子どもに吹きこむ可能性がある。また、親が懇切丁寧《こんせつていねい》に並べてくれた体調不良のリストをすべて否定してしまったら、がっかりさせるのではないかと考えるかもしれない。そして、病気のふりをしなくちゃ、と思うかもしれない。

子どもは「早く！」に抵抗する

子どもたちは急かされると、ゆっくり時間をかける。大人の言う「早く！」に抵抗して行動をスローダウンさせることがひんぱんにあるのだ。効率悪く見えるかもしれないが、それが、実際には、自分たちのものではないタイムテーブルの専制に抵抗するきわめて効果的な武器になるのだ。

子どもをあまり急がせるべきではない。現実的な時間の制限をあたえ、あとは子どもに時間に間に合うよう準備させるべきである。

「スクールバスがあと十分でくるわよ」

「映画は一時にはじまる。いま、十二時半だ」
「夕食は七時からよ。いま、六時半」

わたしたちが簡単なコメントをするのは、子どもが間に合うのを当然と考えていることを知らせるためだ。ときに前向きな期待が役に立つこともある。たとえば、こんなふうに提案してもいいだろう。「学校に行く準備ができたら、出かけるまでアニメを見ててもいいわよ」

朝食時——しつけは後まわしにしよう

朝食時は、子どもに普遍的な理念、道徳原理、礼儀正しい作法などを教えるのに適した時間ではない。親にとってそれは、栄養のある食事を準備し、子どもを学校に間に合うように送りだす時間だ。

朝というのはだいたい、あわただしいものだ。親や子どもが眠かったり、不機嫌だったりすることが多い。次の例が示すように、ちょっとした口論が、簡単に非難の応《おう》酬《しゅう》に発展する。

デビー（冷蔵庫のなかをかきまわし、次々に品物を捨てながら）：朝食には何があるの？　この家には全然食べ物がないのね。お母さんたら私の好きなものをちっとも買ってくれないんだから！

母親（怒って防衛的になり）：私があなたの好きなものを何にも買わないってどういう意味？　あなたが好きなものは何でも買ってるわよ——あなたがどれにするか決められないだけでしょ。さあ、テーブルについて目の前のものを食べてちょうだい。そうすれば学校に行けるわ！

デビーのふるまいは母親を怒らせた。怒った母親は娘をさらに怒らせることによって応酬し、親子ともども最悪の気分で家を出た。

朝は子どもの気分に左右されないようにすることが重要だ。デビーの母親はデビーに応酬せずに彼女の不満を認めていれば、楽しい朝の気分を保てたかもしれない。

母親：今朝は、好きなものを何も見つけられないようね。

デビー：そう、好きなものが何にもないの。ほんとはそれほどお腹がすいてないんだ。バナナだけ食べるわ。

別の母親はこんなふうに述べている。「以前は、ささいなことで大げんかになってました。だけどいまでは、子どもたちのメッセージを理解し、共感をもって反応する方法を学びました。数日前に、五歳の娘のラモーナが朝食を食べるのを拒《こば》み、不平を言ったときもそうでした」

ラモーナ：歯が疲れてるの。下のほうがまだ眠たがってるわ。

母親はラモーナをあざけらずに、彼女の不平を認めた。

母親：そう、下の歯がまだ目を覚ましていないのね。
ラモーナ：うん。それに、ここの歯は悪い夢を見てるの。
母親：見せてごらん。あらまあ、少しぐらついてるわ。
ラモーナ：シリアルのなかに落っこちない？

まだそれほどぐらついていないことを保証してやると、ラモーナは元気になり、スプーンを手にしてシリアルを食べはじめた。

ポールの父親は次のような話をしてくれた。「何かアクシデントがあると、私は過剰反応して険悪なムードをあおってしまうんです。でも最近は、子どもがトラブルを起こしたら、責めずに助けてやることにしてます。つい、先日も、こんなことがありました。十歳になる息子のポールは自分で朝食をつくるのが好きなんです。ある朝、ポールがぶつぶつ不平を言っているのが聞こえました。彼は落とし卵を二個つくったんですが、一個が床に落ちてしまったんです。以前なら、『自分のしたことをよく見ろ！　床がよごれてるじゃないか！　どうしてもっと注意深くなれないんだ？』とどなっていたでしょう。でもそのときは、『おまえは朝、自分で起きて、一人で卵をうまく調理したのに、一個は床に落ちてしまったんだな』と言ったんです」

ポール（おとなしく）：うん。
父親：腹がへってるのにな。
ポール（顔を輝かせて）：だけど、まだお皿に一個、残ってるよ。
父親：おまえが一個食べているあいだに、私がもう一個つくってやるよ。

子どもの不平に対処する

親はたえまなく子どもたちの不満にさらされると、ふつうは怒ってしまう。怒りをエスカレートさせ、子どもを問いつめたり自己防衛的になったりして口げんかにならないようにするためには、子どもの不満を認めることによって対処する方法を学ぶ必要がある。例をいくつかあげてみよう。

セルマ：お母さんは私に何にも買ってくれない。
母親：私に何か買ってもらいたいものがあるのね。
（**悪い例**：先週、新しい服を買ってあげたばかりなのに、どうしてそんなことを言うの？　私が何をしてあげても、あなたは感謝してくれない。悪いのはあなたよ！）
ジュリアン：お父さんは私のこと、どこにも連れてってくれない。
父親：どこに行きたいんだい？

（**悪い例**：連れていけるわけないさ。おまえはどこに行っても大騒ぎするんだから）

ザカリー：お母さんはいつも遅れるよ。
母親：私を待ってるのがいやだったのね。
（**悪い例**：あなたは遅れたことがないの？　私が待ってたときのことは覚えていたくないのね）

ジェシカ：お父さんは私がどうなっても気にしないのね。
父親：おまえがころんで、お父さんを必要としてたときに、そばにいてもらいたかったんだな。
（**悪い例**：おまえを幸せにしてやるために、いろいろなことを犠牲にしてきたのに、どうしてそんなことが言えるんだ？）

「ぜったい」とか「いつも」という言葉を子どもたちは好んで使う。子どもは極端な世界に住んでいるのだ。

物事は白黒はっきりつけられないほうが多いと知っている親は、そうした表現を慎むことで子どもたちにそう教えることができる。

服を着る――靴ひもとの戦い

一部の家庭では、親子ともども「靴ひもとの戦い」に巻きこまれる。ある父親はこんなふうに語っている。「息子が靴のひもを結んでいないのを見ると、非常にいらだつんです。靴ひもを結ぶよう強要すべきなのか、だらしないまま歩きまわらせるべきなのか、知りたいですね。息子がいい気分でいるかもしれないときには、責任について教えないほうがいいんでしょうか？」

責任についての教えを、靴ひもを結ぶことと結びつけないほうがいいだろう。靴ひもを結ばなくても簡単にはけるスニーカーを買ってやるか、子どもがまだ小さい場合は、何も言わずに靴ひもを結んでやるかして、口論になるのを避けるのが賢明だろう。子どもは仲間がみんなそうしていれば、遅かれ早かれ靴ひもを結ぶようになる。そう考えていれば、あまりイライラせず、ゆったりかまえていられるだろう。

子どもたちは高価な服で学校に行くべきではない。服がきたなくなるのを心配する必要をなくしてやらなければならないのだ。走ったり、跳ねたり、ボール遊びをしたりする自由が、外見のきれいさに優先すべきだ。

子どもがシャツを汚して学校から帰ってきたら、親はこんなふうに言えばいい。「今日は忙しい日だったみたいね。着替えたければ、クロゼットのなかに別のシャツが入ってるわよ」

子どもに、だらしないとか、きたないとか、シャツを洗ってアイロンをかけるのはもううんざりだなどと言うのは、好ましくない。子どもがきれいさより楽しさを優先するのは自然なことである。だから、子どもたちの服が長いこときれいなはずがないことを受け入れるのが現実的なアプローチだ。子どもがシャツを汚したとき、汚さないよう説教するよりも、洗うだけで着られるシャツをたくさん用意していたほうが、はるかに子どもの心の健康のためになる。

登校時——説教や忠告はやめよう

朝はあわただしいので、子どもは教科書、眼鏡、弁当などをよく忘れる。そんなとき、忘れっぽいとか、だらしないなどと説教せずに、ただ忘れ物を子どもに手渡してやるのがいちばんいい。

「あなたが眼鏡をかけるのを思いだす日まで生きていたいわ」と言うより、「はい、あなたの眼鏡」と言うほうが子どもには助けになる。「授業中は何を見るつもり？」と皮肉っぽく聞くより、「はい、教科書」と言ったほうが、子どもにはより感謝される。

子どもが登校する前、長々と忠告や警告をするべきではない。「面倒を起こすんじゃないわよ」と警告するより、「楽しい一日をね」と言うほうが、別れの言葉としては好ましい。「放課後、寄り道するんじゃないわよ」と言うより、「二時に会えるね」と言うほうが、子どもは寄り道をせずに家に帰ってきたくなる。

下校時——温かく迎えよう

子どもが学校から帰ってきたときは、親や、子どもの世話をする大人が、家にいて迎えてやるのが望ましい。そのとき、陳腐《ちんぷ》な答えを引き出す質問——「学校はどうだった？」「別に」とか「今日は何をしたの？」「何も」——より、学校での試練や苦しみを理解していることを伝える言葉をかけてやったほうがいい。

「大変な一日だったみたいね」
「きっと学校が終わるのが待ちきれなかったでしょうね」
「家に帰ってきてうれしそうね」

たいていの場合、質問をするよりコメントしたほうが好ましい。

共稼ぎの家庭や働きに出ている片親の家庭では、子どもが家に帰ってきても、迎えてくれる親がいないのがあたりまえである。しかし、愛情に満ちたeメールや置き手紙を残しておけば、親がいないことの寂しさをやわらげてくれるだろう。

学校に通っている子どものいる一部の親は、子どもたちとの関係を深めるため、手紙やメモを活用する。かれらにとって、書き物のなかで感謝の気持ちや愛情を表現するほうがやりやすいのだ。

なかには、テープレコーダーやビデオテープにメッセージを残しておく人もいる。そうすれば、子どもは親の言葉を何度もくりかえし聞くことができる。

そのようなメッセージは、親子の有意義なコミュニケーションを助長し、子どもが学校から帰ってきて空っぽの家に入るときに感じる孤独をやわらげてくれる。

一日の終わりに絆を結び直す

夕方、仕事から帰ってくる親は、仕事人間から家庭人に戻るために、心を切り替える静かな時間を必要とする。子どもは、仕事から帰ってきた母親や父親に、玄関のドアを開けたとたん、不満や要求や非難の雨を浴びせるべきではない。あらかじめ「質問をしない」時間をもうけていれば、家庭生活にオアシスのような安らぎをもたらす助けになるだろう。忙しい親が仕事から帰ってきたら、静かなほっとする時間を少し必要とすることを、子どもたちは幼い頃から学ぶ必要がある。

いっぽう、夕食は会話の時とすべきだろう。したがって、食べ物より、会話を楽しむことに力点を置くべきだ。**子どもが何をどう食べるかについては、あまりうるさく言わないほうがいい。**しつけを最小限にとどめ、会話に花を咲かせるのだ。

ある親たちは子どもたちをかわるがわるお気に入りのレストランに連れていき、一対一で食事をする。子どもはハンバーガーやピザを食べながら、母親や父親が注目するなかで、関心のあることについて親と語りあうのだ。

就寝時間――親密な会話をしよう

多くの家庭では、就寝時間が近づくと、親も子もいらだちをつのらせる。子どもたちはできるだけ遅くまで起きていようとする。いっぽう、母親や父親はできるだけ早く寝てもらいたいと願う。その時間帯になると、親はどうしても口やかましく言いたくなるし、子どもはなんとか逃れようとする。

就学前の子どもは、母親か父親に寝具をかけてもらう必要がある。就寝時間は、それぞれの子どもと親密な会話をするために活用できる。そうすれば、子どもは就寝時間を待ちこがれるようになる。子どもは母親や父親と「二人きりで」過ごすのが好きなのだ。親が労を惜《お》しまず耳を貸してやれば、子どもは恐れや希望や願いを分かちあうことを学ぶだろう。このような親密な触れあいは子どもの不安を取り除き、安心して楽しい眠りに入っていける環境を整える。

少し年がいっていても、寝具をかけてもらいたがる子がいる。そのような子どもの願望は尊重してやり、かなえてやるべきだ。「赤ん坊のようだ」と親には思えることを子どもが求めたとしても、あざけったり批判したりしてはならない。

年長の子どもたちの就寝時間は柔軟であるべきだろう。「寝る時間は八時から九時（あるいは九時から十時）のあいだよ。いつ寝るかはあなたが決めなさい」就寝時間の幅は親が決め、その範囲内でいつ寝るかは子どもが決めるのだ。

子どもがトイレに行くのを「忘れた」とか、水を一杯飲みたいと主張しても、口争いをしないほうがいい。でも、親を何度も寝室に呼び戻そうとするようだったら、こう告げるべきだろう。「もっと私に長くいてもらいたいという気持ちはわかるわ。でも、いまはママとパパがいっしょに過ごす時間なのよ」あるいは、「あなたのところにもっと長くいてやればいいんだけど、私も寝る準備をしなくちゃならないのよ」

親の特権——子どもの許可はいらない

家庭によっては、子どもが親の活動に拒否権をもっているところもある。親は夜、でかけるのに、子どもから許可を得なければならないのだ。ある親たちは、子どもとのいざこざがいやで、映画や劇場に行くのを避ける。

親はどのような生活をするかに関して、子どもから許可や合意を得る必要はない。夜、夫婦がでかけようとしたとき子どもが泣いたら、子どもの不安を非難することはないが、子どもの願望を満たしてやる必要もない。ベビーシッターと二人きりになりたくないという子どもの願望は理解できるし、共感できるが、楽しむための許可証を子どもからもらう必要はないのだ。

めそめそ泣く子どもにはこう言ってやればいいだろう。「お父さんとお母さんに今夜でかけてもらいたくないという気持ちはわかるよ。わたしたちがいないと、ときどきこわくなるんだろう。だから家にいてもらいたいんだろうけど、お父さんとお母さんは今夜、映画を見に行きたいんだ（あるいは、友だちに会いに行きたい、ディナーを食べに行きたい、ダンスをしに行きたい、など）」

子どもの反対や懇願《こんがん》や脅しの内容は無視してもいいだろう。温厚な口調で、こちらの言い分をはっきりと伝えなければならない。「私に家にいてもらいたいんでしょうけど、今夜はでかけることになってるのよ」

テレビとのつきあい方

子どもの価値観や行動にたいするテレビの影響を検討しないうちは、子どもの一日についての議論は終わらないだろう。子どもはテレビやゲームが大好きだ。多くの子どもは、読書や音楽鑑賞や会話より、テレビやゲームを好んでいる。

広告主にとって子どもは完璧な聴衆である。子どもは暗示にかかりやすいし、コマーシャルを簡単に信じる。子どもはまた番組にほとんど注文をつけない。子どもの興味をつなぎとめておくためには、いかなる独創性も芸術的技巧も必要ない。手垢《てあか》のついたヒーローや見せかけだけのヒーローで十分なのだ。そのため毎日、何時間ものあいだ、子どもはCMソングや広告と混ぜあわされた暴力や殺人と向きあうことになる。

親はテレビに二通りの感情を抱いている。テレビが子どもたちを夢中にさせ、トラブルから遠ざけてくれるという事実を歓迎するいっぽうで、テレビが子どもたちにおよぼすかもしれない有害な影響を心配しているのだ。

テレビは暴力を助長し、人間関係を希薄にし、固定観念を支持し、社会的行動を減少させる。それだけではなく、子どもの一日の大切な部分を食いつぶしてしまう。父や母といっしょにいるより多くの時間が、テレビの前で費やされているのだ。セックスと蛮行《ばんこう》の見世物が無邪気な楽しみにすぎないとしても、それによって子どもたちはより建設的な活動から遠ざけられているのだ。

ある著名な心理学者が述べているように、人々はテレビを見ながら、「フロー」と呼ばれる最適経験をすることはない。成長にもっとも適した状態とは、「人が自分の能力に見合った挑戦に没頭しているとき」（チクセントミハイ、一九九八年）なのである。子どもたちにとって、それは詩や短編物語を書いたり、粘土細工をしたり、ブロックで城を組み立てたりすることを意味するかもしれない。兄弟でドラマを演じたり、友だちと冒険したりするのもいいかもしれない。成長や真の満足は、ぼんやりとテレビを見ていることより、集中した努力をすることによってもたらされやすいのだ。

一部の家庭では、子どもたちは一日一時間しかテレビを見ることを許されない。親の許しを得て、一定の時間、特定の番組だけを見ることを許される家庭もある。こうした家庭の親たちは、テレビが薬と同じように決められた時間に適量だけあたえられるべきだと信じている。

二人の著名な小児科医は次のように勧めている。「生後三年間は、テレビの視聴に一日一時間半以上費やされるべきではない。三歳以降は、さらに三十分、親といっしょにテレビやコンピュータ・ゲームを楽しむ時間をあたえてもいいだろう」（ブラゼルトンとグリーンスパン、二〇〇〇年）。

ますます多くの親が、番組の選択を子どもたちにまかせられないと感じるようになっている。自分の子どもたちがいかがわしい登場人物に影響されるのを警戒しているのだ。浅ましいセックスや真に迫った暴力に日々さらされることから子どもを守りたいと思っている親は、いまではテレビやコンピュータにモニタリング・システムを導入することができる。子どもたちはあらゆる悲劇から保護される必要はないが、人間の残忍性が悲劇ではなく、あたりまえになっている娯楽からは保護されるべきである。

子どものメディア消費の量と質を監視するだけでは十分ではない。子どもたちが健全な人間関係、楽しい遊び、満足のいく趣味を通して学び、つながりあい、社会に貢献するための扉を、親は開けることができるのだ。

〈7章〉ねたみと嫉妬にどう対応するか

兄弟間のねたみには古代悲劇につらなる伝統がある。旧約聖書に記された最初の殺人は、カインによる弟アベルの殺害だった。動機は兄弟間の対抗心。また、ヤコブは異国の地に隠れて兄エサウの手にかかるのを逃れた。エサウが嫉妬にかられるようになったのは、母親がヤコブをえこひいきし、父の寵愛《ちようあい》を得られるようはからったからだ。

聖書に描かれているこうしたねたみと復讐の物語は、ねたみが古代から親子のゆゆしき問題であったことを示している。

けれども、現代に生きるわたしたちは、子どものなかの嫉妬心を最小限に食いとめる方法を学ぶことができる。

あまり祝福されない出来事

子どもは家族内に嫉妬が存在することを疑わない。子どもはずっと昔から、嫉妬の意味とその影響力を知っている。どんなに心の備えをしていても、新しい赤ん坊の誕生はねたみや心の傷をもたらす。また、家族の寵愛を得ている子どもにどんなに言い聞かせても、新しく生まれてくる赤ん坊と、その栄光を分かちあう準備をさせることはできない。

ねたみ、羨望《せんぼう》、競争心はどうしようもなく生じてくる。それらを予期できなかったり、それらにショックを受けたりするのは、喜びとは無縁の無知である。

幼い子どもの人生にとって、二番目の子どもの誕生はとてつもない危機をあらわしている。宇宙の軌道が突然変わってしまい、軌道修正するための助けが必要となるのだ。そんなとき、ただたんに同情するだけではなく子どもの助けになるためには、子どものほんとうの気持ちを知らなければならない。

子どもに赤ん坊の誕生を告げるときには、次のような長ったらしい説明をしたり、無駄な期待をかけたりしないほうがいい。「わたしたちはおまえのことをとても愛してる。おまえはほんとうにすばらしい子だ。だから、おまえのような赤ん坊をもう一人もつことにしたんだよ。おまえだって、新しく生まれてくる赤ん坊を好きになるよ。きっと赤ん坊のことを誇らしく思うだろう。それに、これからはいつだって遊び相手がいることになるんだ」

こうした説明は正直なものに聞こえないし、説得力にも欠けている。子どもがこんなふうに結論づけても当然だろう。「お父さんとお母さんがほんとうにぼくのことを愛してるんだったら、別の子どもなんか欲しがらないだろう。ぼくじゃ十分じゃないんだ。だから、ぼくを新しいモデルと交換したいんだ」

夫がある日、家に帰ってきて、こう言ったら妻はどう思うだろう？「おまえをとても愛してるよ。おまえはほんとうにすばらしい女性だ。だから、おまえのような女性をもう一人連れてきて、いっしょに暮らすことにしたんだ。彼女がおまえの家事を手伝ってくれるだろう。私が仕事にいっているあいだも、おまえはもう一人ぼっちじゃない。おまえと彼女の二人を、私はとても愛してるよ」

夫にそんなふうに言われて喜ぶ妻がいるとは思えない。激しい嫉妬を覚え、夫に愛されていないと感じてあたりまえだろう。

親の愛や伴侶《はんりょ》の愛を分かちあうのは、つらいことだ。子どもにとって、分かちあうことは、リンゴやガムを分かちあうのと同じで、取り分が減ることを意味する。親を分かちあわなければならないと考えただけで、子どもは不安になる。それなのに、赤ん坊が生まれたら子どもが喜ぶだろうと期待するのは、どう考えても非論理的である。

妊娠が進むと、子どもの予感が的中していたことが次第に明らかになってくる。赤ん坊がまだ生まれてもいないのに、すでに親の心をとらえて離さないことに子どもは気づくのだ。それだけではない。母親が具合を悪くしてベッドに寝ている時間が増え、疲れて休息をとる回数も多くなる。当然、母親が自分をかまってくれる時間も少なくなる。

子どもはますます不安をつのらせるが、母親の膝の上にすわることさえできない。まだ姿こそあらわさないが、いつもいる侵入者にそこを奪われてしまっているからだ。父親も母親にかかわっていることが多くなり、いっしょに遊んでくれたり、どこかに連れていってくれたりすることが少なくなる。

侵入者がやってくる

赤ん坊が生まれることを、仰々しく子どもに伝える必要はない。こう言えば十分だろう。「家族に新しい赤ん坊が加わることになるよ」

それを聞いて子どもたちがどんな反応をするにせよ、子どもたちの心のなかには、いろいろな疑問や心配事が渦《うず》まいている。親であるわたしたちは、幸運にも、子どもがこうした危機の時期を乗りきるのを助けられる立場にいる。

赤ん坊が子どもの安全を脅かすという事実はなにものも変えられない。それまで親の寵愛を一身に受けていた最初の子どもにとって、赤ん坊の誕生は、親の愛を独り占めできなくなることを意味する。それは言ってみればエデンの園から追放されるようなもので、けっして幸せな気分ではいられないのだ。

しかし、危機のストレスや緊張によって、子どもの性格が高められるか、それともゆがめられるかは、わたしたちの知恵とスキルにかかっている。

次に紹介する例は、未来の兄弟をじょうずに紹介する方法を描いている。

五歳のバージニアは、母親が妊娠していることがわかったとき、大きな喜びをもって反応した。彼女は弟との生活を、太陽とバラの絵を描くことであらわした。それがあまりに一面的な見方だと思った母親は、こう説明した。「弟ができると、楽しいこともあるでしょうけど、衝突することもあるのよ。ときどき泣くでしょうし、わたしたち全員の迷惑になるときもあるかもしれないわ。ベッドでおもらしすることもあるのよ。私があなたの弟のことを洗ってやったり、食べ物を食べさせたり、めんどうをみてやったりしなければならないの。そのあいだ、あなたは取り残されたと感じるかもしれないわ。弟を憎らしく思うかもしれない。『お母さんはもう私を愛してくれない。赤ん坊を愛してるんだ』と思ってね。そんなふうに感じたら、かならず私のところにきて言ってちょうだい。あなたが心配しなくてすむように、特別に大事にしてあげるから」

子どもにそんなふうに言うのをためらう親もいる。子どもの頭に「危険な」考えを吹きこむのを恐れているのだ。しかし、いずれにしろ子どもはそのようなことを感じるようになる。

前もって子どもに赤ん坊ができたときのことを話しておくのは、子どもがそのとき、どのような感情を抱こうと、それを理解していることを伝えるためだ。そうすれば、子どもは罪の意識にかられずにすみ、親とスムーズなコミュニケーションができるだろう。とにかく、子どもは新しい赤ん坊に怒りや恨みを抱く運命にある。子どもが黙って苦しまずに、自由に自分の苦悩を話せるようにするのがいちばんいい。

ねたみを言葉で表現する

三歳のジョーダンは、三週間後に生まれる予定の赤ん坊のことで動揺していた。次の会話は、彼がその気持ちを表現するのを、母親がどのようにして助けたかを描いている。ある日、ジョーダンが突然泣きだした。

ジョーダン：ぼく、新しい赤ちゃんなんか欲しくない。ママやパパに赤ちゃんと遊んでほしくないし、赤ちゃんをかわいがってほしくないんだ。

母親：あなた、新しい赤ちゃんのことでイライラしてるのね。新しい赤ちゃんがいないほうがいいんでしょう。

ジョーダン：そうなの。ママとパパとジョーダンだけがいいんだ。

母親：新しい赤ちゃんのことを考えただけで、腹が立つのね。

ジョーダン：そう。ぼくのオモチャを全部取っちゃうでしょ。

母親：あなたは少しこわがってもいるのね。

ジョーダン：うん。

母親：ママとパパはいままでみたいにぼくを愛してくれなくなるって思ってるのね。

ジョーダン：うん。

母親：あのね、ジョーダン、あなたはいつだってたった一人のジョーダンなのよ。特別な人なの。わたしたちがあなたに感じる愛は、ほかのだれにも感じることはないわ。

ジョーダン：赤ちゃんにも？

母親：赤ちゃんだって、あなたへのわたしたちの愛を取りあげることはできないわ。寂しくなったり、頭にきたりしたら、いつでもママにそう言ってちょうだい。あなたを特別に大事にしてあげるわ。

赤ん坊が生まれると、ジョーダンは強すぎる力で抱きしめたり、足を引っ張ったり、手荒にあつかったりして恨みを表現した。母親は彼にこう忠告した。「赤ん坊は痛めつけるためにいるんじゃないのよ。でも、たとえば赤ん坊の絵を描いて、それを切ってもかまわないの、そうしたければね」

子どもたちが嫉妬を抑えると、それは症状や行儀の悪さとなって出てくる。たとえば、弟を恨んでいるのに、その気持ちを口にすることを禁じられると、弟を十階の窓から突き落とすといった夢を見ることがある。夢を見た子どもは非常にびっくりし、自分の叫び声で目を覚ますかもしれない。弟が寝ているベッドのところまで走っていき、まだそこにいるかどうかを確かめることさえある。弟が無事だと知るとたいへん喜ぶので、親はそのほっとした表情を愛情と勘違いするだろう。悪夢は、言葉で話すのを恐れているものを映像で表現する子どもの方法である。子どもは、ねたみや怒りを、恐ろしい夢を通してではなく言葉で表現するほうが望ましい。

五歳のウォーレンは妹が生まれた直後から、突然、喘息《ぜんそく》の発作に襲われるようになった。ウォーレンは妹をたいへん大事にしたので、両親は彼が赤ん坊をとても愛しているのだろうと考えた。医師はウォーレンの喘息の原因をつきとめることができず、精神衛生の診療所に行かせた。そこで、喘息ではなく言葉で、ねたみや怒りを表現する方法を学ばせようとしたのだ。

一部の子どもたちは言葉ではなく、咳《せ》きこむことや皮膚炎を起こすことで自分の嫉妬を表現する。おねしょをする子どももいる。つまり、ほかの方法で表現できないことを、一つの器官を使って表現するのだ。なかには破壊的になる子もいる。自分の恨みを声に出して言うかわりに、物をこわすのだ。一部の子どもは、弟や妹を嚙みたい、傷つけたいという気持ちをおおい隠すために、自分の爪を嚙んだり髪を引き抜いたりする。このような子どもたちはすべて、症状ではなく、言葉で感情を表現する必要がある。親は子どもたちが自分の感情を解き放つのを助ける重要な立場にいるのだ。

嫉妬のいろいろな顔

親は、はっきりとそれが見えなくても、自分の子どものなかにも嫉妬があると考えておいたほうがいい。ねたみはいろいろなかたちであらわれる。なんでも競いあったり、逆にあらゆる競争を避けたり、厚かましいほどうぬぼれたり、逆に意気地がないほど控えめだったり、極端に寛大だったり、逆に極端に貪欲《どんよく》だったりする。

子ども時代の対抗意識が生みだしたにがい果実の痕跡は、大人になったわたしたちの周囲にもころがっている。たとえば、路上のあらゆる車と競争せずにいられない人、潔くテニスの試合に負けられない人、自分の正しさを証明するためにいつでも人生や財産をかける準備をしている人、自分の能力をこえているにもかかわらず、他人より貢献せずにはいられない人などの理不尽な対抗心に、そうした果実の痕跡を見てとることができる。

また、あらゆる競争から逃げる人、戦いがはじまる前に負けたと感じる人、いつも後ろの目立たない席につこうとする人、正当な権利があっても立ちあがらない人のなかにも見てとれる。このように、**兄弟間の対抗心は、ほとんどの親が気づいている以上に、子どもの人生に影響をおよぼしている**のだ。それは消えることのないしるしを人格に刻みつけ、性格をゆがめてしまうことさえある。それを乗り越えるのを人生のテーマにしている人がたくさんいるのだ。

独占したいという欲求

嫉妬は親の「最愛の人」になりたいという幼児の欲求に根ざしている。この欲求はきわめて独占欲が強く、いかなる競争相手も認めない。弟や妹が生まれると、子どもは両親の愛を独占するために張りあう。この戦いが公然とおこなわれるか、ひそやかにおこなわれるかは、子どものねたみに親がどんな態度で接するかにかかっている。

一部の親たちは兄弟間の争いに腹を立て、少しでもその兆候が見られると子どもたちを罰する。嫉妬の原因をあたえないよう無理な努力をしている親もいる。みんな同等に愛されているのだからねたむ理由なんかないと、子どもたちに納得させようとするのだ。そのような親は、贈り物、ほめ言葉、休暇、思いやり、衣服、食べ物などを、公平に分けあたえようとする。

しかし、こうしたアプローチをとっても、子どもたちがねたみから解放されることはない。同等に罰しても、同等にほめても、愛を独占したいという欲求を消すことはできないのだ。愛を独占したいという欲求はもともと満たせないものなので、嫉妬を全面的に防ぐのは不可能である。ただし、嫉妬の火が安全にちらつく程度でおさまるか、危険なほど燃えあがるかは、わたしたちの態度や行動いかんによって決まる。

嫉妬を生む言葉と態度

これといった理由がなくても、年齢や性別のちがいだけで、兄弟間に嫉妬が生みだされることがある。

兄は特権をもち、独立心も強いのでねたまれる。赤ん坊がねたまれるのは、他の子どもより守られているからだ。女の子は、男の子のほうが大きな自由をもっているように感じて嫉妬を覚える。男の子は、女の子のほうが特別な注意を払ってもらっているように思えて嫉妬する。親が自分たちの都合で、男の子と女の子のどちらかをかわいがると、危険がふくらむ。

親にえこひいきされる子どもは他の子どものねたみを買い、しばしばいじめられる。男の子が何人か生まれたあとに生まれた、ある女の子の場合もそうだった。親は女の子を心待ちにしていたため、彼女が生まれると、あからさまにえこひいきしたのだ。それだけならまだしも、上の男の子たちに、責任をもって妹のめんどうをみるよう言いつけた。男の子たちは、妹をかわいがる親ではなく、特別扱いされる妹を責め、妹の人生をみじめなものにした。残念ながら兄たちの嫉妬心は解決されないまま残り、子ども時代がだいなしになっただけでなく、大人になってからも愛情ある兄弟の関係が築けなかった。

親が六歳児の自立性より赤ん坊の無力さ（あるいはその逆）を好むと、嫉妬が強まる。子どもが性別、容姿、知性、音楽の才能、社会的スキルゆえに過大評価されるときにも、同じことがいえる。生まれながらの優れた素質はねたみを引き起こす可能性があるが、親が特定の子どもの資質や才能を過大評価しないかぎり、兄弟間の情け容赦のない競争へとエスカレートすることはない。

年齢の異なる子どもたちを同様に扱うのは勧められない。むしろ、年齢は新しい特権や責任をもたらすべきだ。年長の子どもが下の子どもたちより、多くのおこづかいをもらい、遅くまで起きていることを許され、友だちとも自由にでかける機会をあたえられるのは当然だろう。これらの特権は公然と快くあたえてもらいたい。そうすれば、すべての子どもが、自分の成長を楽しみにするようになるだろう。

年下の子どもは年上の子どもの特権をうらやむかもしれない。わたしたちは、事実を説明することによってではなく、感情を理解してやることで、子どもがそのような感情に対処するのを助けてやれるだろう。

「あなたも夜遅くまで起きていたいのね」
「六歳じゃなくて九歳だったらよかったと思っているのね」
「あなたがもっと起きていたいという気持ちはわかるけど、もう寝る時間よ」

親は、子どもに他の子の犠牲になることを求めてうっかり嫉妬をあおる場合がある。「赤ん坊におまえのベビーベッドが必要なんだ」「ごめんね。今年は新しいスケート靴を買ってやれないの。赤ん坊が生まれるからお金がかかるのよ」危険なのは、子どもが持ち物だけではなく愛情をも奪われると感じる可能性があることだ。したがって、そのような要求は、十分な愛情や感謝の気持ちによってやわらげてやる必要がある。

自分の感情に直面させる

幼い子どもたちはあからさまに嫉妬を表現する。赤ん坊が死んだかどうかを調べ、「それ」を病院に送り返すかゴミ箱に捨てるよう提案したりするのだ。もっと積極的な子どもは、侵入者にたいして軍事作戦を展開するかもしれない。容赦ないいやがらせだ。大蛇のようにきつく抱きしめる、押す、隙《すき》をみて蹴《け》るといったことをするかもしれない。極端な場合、嫉妬した兄弟はとりかえしのつかない危害を加えることもある。

わたしたちは親として、子どもが弟や妹をいじめるのを許すことはできない。体への攻撃や言葉による加虐的な攻撃はとめなければならない。被害者にも加害者にも害をおよぼすからだ。そして、両方の子どもとも、わたしたちの力と思いやりを必要とする。幸い、年下の子どもの身の安全を守るために、年上の子どもの感情を否定したり、攻撃したりする必要はない。

三歳の子どもが赤ん坊をいじめているのを見つけたら、すぐにやめさせ、その子の動機をオープンにするべきだ。

「あなたは赤ん坊が好きじゃないの」
「あなたは赤ん坊に怒ってるのよ」
「あなたがどれだけ怒ってるか見せてごらん。見ててあげるから」

子どもには、大きな人形か、紙とマジックをあたえる。子どもは人形に向かって文句を言うかもしれないし、紙に怒りの線を描くかもしれない。子どもに何をすべきか提案することはない。わたしたちの役割は中立の目で子供を観察し、好意的な言葉で応えてやることだ。子どもが凶暴な感情を抱いたからといって驚く必要はない。感情は正直で、攻撃は無害だ。しかし怒りは、直接、生きている赤ん坊にぶつけたり、自分自身に向けて症状としてあらわしたりせずに、生きていない物に向かって、象徴的に発散させたほうがいい。コメントは簡潔にすべきだ。

「あなたはどれくらい怒っているのかママに見せているのよ」
「これでママにもわかったわ」
「怒ったら、ママのところにきて話してちょうだい」

こうした言葉は、罰したり辱めたりするより、嫉妬をやわらげる効果がある。それとは反対に、次のような対応の仕方は子どものためにならない。

四歳のウォルターが、赤ん坊の弟の足をもって引きずりまわしているのを見つけた母親は、爆発した。「いったいどうしたっていうの！　赤ん坊を殺したいの？　あなたの弟なのに？　弟にけがしてほしいの？　そんなことをしたら弟がけがするかもしれないってことがわからないの？　弟にけがをしてほしいの？　赤ん坊をベッドから出さないでって口をすっぱくして言ったでしょう？　赤ん坊にさわらないで。ぜったい、さわっちゃだめ！」このような反応はウォルターの恨みを増すだけだろう。では、どんなふうに言えばいいのだろう？「赤ん坊は痛めつけるためにいるんじゃないのよ。ほら、この人形を引きずりまわしたかったら、そうしてもいいわ」

年長の子どもたちにも、自分たちの感情に直面させるべきだ。かれらには、もっとはっきり言ってもいいだろう。

「あなたが赤ん坊を好きじゃないのは、見てればわかるわ」

「赤ん坊に生まれてほしくなかったのね」

「お母さんが赤ん坊をかまってるのを見て怒ってるのね」

「あなた、腹が立ったから赤ん坊をたたいたのよ。あなたが赤ん坊を傷つけるのは許せないけど、のけ者にされたように感じたら私にそう言っていいのよ」

「あなたがひとりぼっちだと感じたら、あなたのためにもっと時間をつくるわ。あなたが寂しいと感じないようにね」

公平にではなく、それぞれ独自に愛する

それぞれの子どもに絶対的に公平でありたいと願う親は、しばしば子どもに腹を立てるようになる。秤《はかり》にかけられた公平さほど自滅的なものはない。心の贈り物にしろ、物質的な贈り物にしろ、それを測ろうとすることにともなう努力は、どんな人をも疲れさせ、いらだたせる。子どもたちは愛を等しく分かちあうことなど望まない。一律ではなく独自に愛される必要があるのだ。重要なのは平等ではなく、質である。

わたしたちはすべての子どもを同等には愛さない。そうしているふりをする必要もない。**それぞれの子どもを独自に愛する。**そのことをおおい隠す努力はいらない。明白な差別を避けようと用心すればするほど、それぞれの子どもは不平等の例を見つけようと神経を張りめぐらせるようになる。

子どもはよく「不公平だ」と言って不平をもらす。親はそのことを気にし、知らず知らずのうちに防衛的になってしまっている。子どもたちの主張を真《ま》に受けないようにしなければならない。ましてや、情状酌量《じょうじょうしゃくりょう》してもらう理由など述べる必要はない。わたしたちの決断が公平か不公平かについて、際限のない口論に引きずりこまれないようにしなければならない。そして、とりわけ、公平を期すために愛を分けあたえようなどと思わないようにしよう。

それぞれの子どもには、公平さや平等性ではなく、特別だという感覚をあたえよう。子どもたちの一人と何時間かでもいっしょに過ごすときには、全身全霊を傾けてその子とともにいてやろう。いっしょにいるあいだは、男の子なら自分が一人息子であるかのように、女の子なら自分が一人娘であるかのように感じさせることが大切だ。一人の子どもと出かけるときは、他の子どものことは忘れよう。他の子について話をしたり、他の子に贈り物を買ったりしないようにしよう。心に残るその瞬間、わたしたちの注意を分散させてはならない。

わたしたちの分割されていない愛を求める子どもの欲求が受け入れられると、子どもは安心する。その欲求が理解され、思いやりをもって認められると、子どもはほっとする。それぞれの子どもは、独自の存在として大切にされると、強くなれるのだ。

もう一つの嫉妬の領域

両親が離婚した子どもたちには、別のかたちの嫉妬が浮上する可能性がある。とくに、親権をもつ親に親密な愛情を感じている子どもの場合はそうだ。親密な関係が侵入者（この場合、子どもの義理の親になることに関心がある大人）に脅かされるまでは、すべてがうまく行っているように思える。

片親が家を出たあと、子どもが不安に思うことはめずらしくない。「一人の親に自分を捨てることができたのだから、もう一人の親もそうできるだろう」とかれらは推測する。その結果、残された親を注意深く見守るようになる。親の一挙手一投足を見張り、他の大人と親密にならないかどうかを確かめようとするのだ。親がデートをするのを邪魔し、電話で話をしているときにかんしゃくをおこし、デートの日がくると、できるだけ不機嫌にふるまう。子どもにとってもっともいやなのは、知らない大人と親を分かちあうことなのだ。

そんなとき、母親や父親はどうしたらいいのだろう？ 親は子どもたちの苦境を理解し、不安な気持ちに共感し、子どもの気持ちを認め、子どもが不安を言葉にするのを助けてやる必要がある。


「あなたにとってはつらいときね。第一に、お父さんがいっしょに暮らさなくなって、お母さんしかいないことに慣れなければならなかったでしょう。そして今度は、親ではない他人を受け入れるよう求められているんだものね」

「私が恋におちたら、あなたのことを愛さなくなるのではないかと心配なのね」

「だれにもわたしたちのあいだに入ってきてもらいたくないのね」

「私がおまえを捨てて、この人とどこかに行ってしまうんじゃないかと心配してるんだろう」

「私が、あなた以外に愛してくれる人を必要としなければいいと思ってるんでしょう」

「知らない人と私を共有したくないんだね」

「あの人がどこかに行ってしまい、いままでどおりの生活がつづいてもらいたいと願ってるのね」

子どもたちの恐れをやわらげ、親の新しい大人の愛に子どもが適応するのを助けるのは、親の愛と理解である。

〈8章〉子どもの不安にどう対応するか

親は、子どもたちが恐れや不安をたくさん抱えているのを知っている。だが、そのような不安がどこからくるかは自覚していない。「どうしてうちの子はこんなにこわがりなんだろう」と親はよく言う。ある父親は、怯《おび》えの強い子にこう言った。「そんな訳のわからないことを言うんじゃない。何にも恐れるものなどないだろう!」

ここでは、子どもが抱く不安の源をいくつか明らかにし、その対処法を見ていきたい。

捨てられる恐怖からくる不安

子どもの最大の恐怖は、親に愛されず、捨てられるという恐怖である。ジョン・スタインベックは『エデンの東』のなかでそれを劇的に表現している。「子どもがもちうる最大の恐怖は愛されないということだ。拒絶は子どもが恐れる地獄である……拒絶は怒りを生み、怒りはある種の復讐劇を生む……渇望する愛を拒まれた一人の子どもは猫を蹴り、自分の罪を押し隠す。別の子どもは、お金で自分を愛させるために盗みを働く。三番目の子どもは、世界を征服する――そして、いつも罪の意識に責めさいなまれ、復讐を企て、さらなる罪の意識に悩まされる」

親は捨てることを匂わせて子どもを脅すべきではない。冗談半分でも、怒ってでも、子どもを捨てることを匂わせてはならない。通りやスーパーマーケットで、怒った親がぐずる子どもに向かって、「すぐにこないと置いていくわよ」とどなるのを聞くことがある。このような言葉は、子どものなかにひそむ、捨てられることへの恐怖を呼びさまし、この世に一人取り残されるのではないかという幻想をあおる。もし子どもが耐えられないほどぐずったら、言葉で脅すよりは手で引きずっていったほうがよい。

子どもによっては、学校から帰ってきたとき、親や、自分を世話してくれる大人がいないと、恐怖を覚える子がいる。捨てられるのではないかという不安が、一時的に目覚めさせられるのだ。

そんなとき、これまでも何回か指摘したように、親の居場所を知らせるメッセージを残しておくと子どもを安心させる助けになる。方法は、連絡板、eメール、テープレコーダーなどなんでもいい。とくに子どもがまだ幼い場合には、テープに録音されたメッセージが有効だ。落ち着いた声で親が愛情のこもった言葉を述べるのを聞くと、子どもは過度の不安を抱かずに一時的な別れに耐えることができる。

のっぴきならない理由で幼い子どもと離れざるをえないときは、前もって準備しなければならない。親によっては、入院や休暇やつきあいでいなくなることを子どもに告げるのがむずかしいと感じる人たちもいる。かれらは子どもの反応を恐れ、夜間や子どもが学校に行っているあいだにこっそり出かけたりする。子どもへの説明は親戚やシッターに頼むのだ。

三歳の双子をもつある母親は外科手術を受けなければならなかった。子どもたちは家のなかの重苦しい雰囲気に気づいていたが、何も告げられなかった。入院する朝、買い物バッグを手にした母親は、スーパーに行くふりをして家を出、そのまま三週間、戻らなかった。

子どもたちが意気消沈したのは当然だ。父親の説明はちっとも慰めにならなかった。子どもたちは毎晩、泣きつかれて寝入った。日中は母親のことを心配し、窓辺で長い時間を過ごした。

事前に準備さえしておけば、子どもたちは比較的簡単に別れのストレスを受けとめることができる。しかし、ただ言葉で説明しただけでは、効果的な準備にはならない。たとえばオモチャを使って別れのシーンを実際に演じてみる、といったことが必要だ。

入院を二週間後に控えたある母親は、三歳のイベットにそのことを話した。イベットはあまり関心を示さなかったが、母親は見かけの無関心にだまされなかった。「『お母さんが病院に行く』というゲームをしましょう」と母親は言って、一組の人形を取り出し、人形を動かしながら次のような話をした。「ママは元気になるために病院に行きます。ママは家にいなくなります。ママはどこ? ママはどこ? とイベットは心配します。でも、ママは家にいません。キッチンにも、寝室にも、居間にもいません。ママはお医者さんに会って、元気になるために病院にいます。ママ、ママと言って、イベットは泣きます。でも、ママは元気になるために病院にいます。ママはイベットを愛しています。イベットが恋しくてたまりません。ママは毎日、イベットを恋しがります。イベットのことを考え、愛します。イベットもママが恋しくてたまりません。そのとき、ママが帰ってきます。イベットはとてもうれしがり、ママに抱きついてキスします」

別れと再会のドラマは、母と娘によって何度も再演された。最初のうちは、母親が語りのほとんどをやっていたが、すぐにイベットが取って代わるようになった。イベットは人形を使って、医師と看護師に、ママの面倒を見て、よくしてくれるよう、お願いした。そして、早く家に送り返してくれるよう頼んだ。

母親が入院する前、イベットはもう一度人形で遊んで、と母に頼んだ。イベットはほとんどのセリフを言ったあと、母親を安心させるかのようにこう言って締めくくった。「心配しないで、ママ。ママが戻ってきたとき、私、ちゃんとここにいるから」

入院する前に、母親は他にもいくつかイベットを助けるための準備をした。まず、新しいベビーシッターにイベットを引きあわせた。それから、自分とイベットが映った大きな写真を化粧ダンスの上に置き、イベットが寝る前に聞けるよう、彼女の大好きな物語と愛のメッセージをカセットテープに録音した。そのおかげで、イベットはどうしようもない寂しさに襲われたとき、母の愛を身近に感じることができた。

罪の意識からくる不安

親はうっかりして知らないうちに、子どものなかに罪の意識を目覚めさせることがある。罪の意識は塩と同じように、人生に味をつける有効な成分である。しかしメインコースになってはならないものだ。子どもが社会や道徳のルールを破ったら、非難されてもしかたがないし、罪の意識を感じて当然だろう。だが、子どもが否定的な感情や「いやらしい」考えをもつのを禁じられたら、必然的に罪の意識をたくさん抱え、ひどい不安にさいなまれるようになるだろう。

親は不必要な罪の意識を子どもに抱かせるのを避けるため、よい整備士がこわれた車を扱うように子どものルール違反を扱うべきである。整備士はこわれた車を見せられても、その所有者を責めたりはしない。直すべきところを指摘するだけだ。車の異常音、きしみ音、ガタガタする音を、非難するのではなく診断のよりどころとし、ありえそうな故障の原因を推測する。

子どもたちが、どんな考えを抱いても親の愛を失う危険がないことを知るのは、大きな安心である。もし同意できない点があるなら、親はこのように言えばいい。「おまえはそう思うだろうが、私はちがったふうに思うんだ。わたしたちの感じ方はちがっているんだよ」「あなたの意見は自分にとっては正しいと思えるでしょうけど、私の意見はちがうの。あなたの見方は尊重するけど、私はちがう見方をしているの」

親は言いすぎたり、不要な説明をしたりすることによって、うっかり子どものなかに罪の意識を生じさせることがある。これはとくに、問題が複雑であったり子どもが未熟であったりしても、子どもに同意させなければならないと考えている親にあてはまる。

五歳のザカリーは保育園の先生に怒っていた。二週間も病気で休んでいたからだ。先生が戻ってきた日、ザカリーは先生の帽子をつかんで庭へと走りでた。母親と先生が彼を追いかけた。

先生：その帽子は私のものよ。返してちょうだい。

母親：ザカリー、その帽子があなたのものじゃないことはよくわかってるでしょう。返してあげないと、マルタ先生がまた風邪をひいて、具合が悪くなるかもしれないわよ。先生、二週間も具合が悪かったんだから。さあ、ザカリー、また先生に病気になってほしくないでしょう。ね？

危険なのは、このような説明がザカリーに、先生の病気に自分が責任を負っていると感じさせたり、罪の意識を感じさせたりする可能性があるということだ。その瞬間、必要なのは、実際に帽子を取り戻すことであって、長たらしい説明ではなかった。

おそらくそのあとで先生は、ザカリーが怒ったことについて彼と話しあい、怒りに対処する、より適切な方法を指摘すればよかっただろう。

親の不信または短気からくる不安

子どもはもろもろの活動に没頭することを妨げられたり、心の準備ができているのに責任をとることを妨げられたりすると、内面に恨みや怒りを抱く。小さな子どもは試行錯誤しながら、ゆっくりとスキルを身につけていく。そのやり方はけっして効率的とはいえない。靴ひもを結ぶ、コートのボタンをかける、上着を着る、瓶《びん》のふたを開ける、ドアノブをまわすといったことができるようになるまで、長い時間がかかるのだ。

親が子どもにしてやれるいちばんの助けは、忍耐強く待つことと、物事の大変さについてちょっとしたコメントをしてやることだ。「上着を着るのは楽じゃないのよ」「瓶のふたはなかなか開きにくいの」このようなコメントは、子どもが努力に成功しても失敗しても助けになる。成功したときには、むずかしい作業を征服したことを知って、満足する。失敗したときには、その作業がむずかしいことを親が知っているということで、慰められる。いずれの場合にも、子どもは共感とサポートを得、それが親子を親密にさせる。試みに失敗しても、無力感に襲われる必要はない。

子どもの人生が、効率性を求める大人の欲求に支配されないことが肝心なのだ。**効率性は幼児の敵である**。それは、子どもの心にかなりの負担をかける。子どものエネルギーを枯渇《こかつ》させ、成長を妨げ、興味を窒息《ちっそく》させ、精神的な破綻に導く可能性があるのだ。子どもたちは急がされたり、辱められたりせずに、実験しながら学んでいく機会を必要とする。

両親の摩擦からくる不安

両親がけんかすると、子どもたちは不安になり、罪の意識を覚える。不安になるのは、家庭の安定が脅かされるからだ。罪の意識を感じるのは、家族の軋轢《あつれき》のなかで、自分たちがある種の役割を背負わされるからだ。

それが真実かどうかは別として、子どもはしばしば自分が家庭内の争いの原因だと考える。子どもは親同士がはじめた内戦で、中立的な立場を保ってはいられない。父親か母親いずれかの側につく。そのことが人格の発達におよぼす影響は有害なものだ。

子どもたちの愛情を勝ちとるために争わざるをえなくなると、親はわいろ、おべっか、嘘などの手段をひんぱんに用いる。子どもは分裂した忠誠心の狭間《はざま》に立たされ、おさまることのない葛藤のなかで成長する。さらに、片方の親からもう一方の親を守る必要性が出てきたり、片方の親をさしおいてもう一方の親と遊ぶ機会があったりするので、子どもは複雑な心理状態におかれることが多く、性格的にも影響をこうむらずにはいられない。

父と母の仲が悪い家庭では、親同士が競りあうため、子どもの価値がつりあがっていく。そのことを自覚した子どもは、他人を操ることや利用すること、陰謀をたくらむことやゆすること、スパイすることや陰口をたたくことを覚えていく。かれらは、誠実さが不利益であり、正直が障害であるような世界に生きることを学んでいくのだ。

親同士が争い、おたがいを攻撃しあうのを見るのは、子どもにとってつらいことだ。もし行きちがいがあるなら、穏やかに話しあうか、二人きりのところで話しあうかしたほうがいい。両親の考えがちがっていても、話しあいによってそうしたちがいを乗り越えていけることを目撃するのは、子どものためになる。

両親が離婚し、子どもが親同士の争いの手先として使われるようになると、事態はますます悪化する。しばしば子どもは一方の親をスパイするよう頼まれ、その親の不平を言い、どちらが好きか示すよう言われる。不快なメッセージを伝えるパイプ役としても使われる。そのようなことが起こると、子どもの生活は乱れていく。子どもたちはしばしば、いずれの親にも愛していると言って安心させることで、大人の役割を引き受けざるをえなくなる。

両親が離婚してしまえば、ある種の不快な出来事からは解放されるが、それで問題がなくなるかと言えばけっしてそうではない。子どもたちは、両方の親から愛されていること、親のけんかに巻きこまれないことを保証される必要がある。また、安心できる家庭を失ったショックから立ち直り、自分たちをとりまく新しい現実に適応する時間が必要となる。

人生が終わることへの不安

大人にとって、死の悲劇はその不可逆性にある。死は取り返しのつかない永遠のものであり、すべての希望に終止符を打つ。だから、死は個人の想像をこえているのだ。わたしたちは自分という存在が途切れてしまうことや、自己が消滅してしまうことを想像できない。自己は記憶と希望、過去と未来からなっている。未来のない自分を人は見ることができない。信仰がもたらす安らぎはまさにその領域に属している。人々が平和のうちに生き、死んでいけるように、未来を提供してくれるのだ。

死が大人にとって難題なら、子どもにとっては神秘のベールに包まれた謎である。小さな子どもは、死が永遠であることを理解できない。親も祈りも、故人をよみがえらせることはできない。死を目の前にして、どんな願いも通じないのを知るのは、子どもにとって深刻な打撃である。それは、自分たちが願望によって物事を動かす力をもっているという信念をゆるがし、子どもを不安にさせる。涙や懸命の訴えにもかかわらず、愛するペットや人間は戻ってこないのだから。その結果、子どもは見捨てられ、愛されていないと感じる。子どもの恐れは、親に向けられる次のような質問に反映されている。「死んだあとも、ぼくを愛してくれる？」

ある親たちは、愛するものを失ったときの痛みや悲しみを、子どもに体験させまいとする。たとえば、飼っていた金魚や亀が死ぬと、急いで新しい金魚や亀と取りかえ、子どもにそのちがいを気づかれないようにする。ペットの猫や犬が死ぬと、悲しむ子どもたちに、急いでもっと高価でかわいいペットをあてがおうとする。

愛するものを突然失ったあとで、すぐに代わりのものをあてがわれるこのような体験から、子どもはいったい何を学ぶだろう？　愛するものの喪失《そうしつ》はさほど重要なことではない、愛は簡単に移し変えられるし、忠誠心は簡単に他のものに移行できる、と結論するかもしれない。

子どもも大人も、悲しんだり、喪に服したりする権利を奪われるべきではない。愛する者を亡くしたときには、思いきり悲しみを感じる自由をあたえられるべきだ。命や愛の終焉《しゅうえん》を嘆き悲しむことができれば、子どもの人間性は深まり、性格は気高さを増す。もっとも大切なのは、家庭生活を送るうえで生まれる楽しみだけではなく、悲しみも、子どもたちに分かちあわせるということだ。

家庭のなかで死が起こり、何が起こったのかを知らされないと、子どもは名づけようのない不安に包まれたままになる。あるいは、恐怖に満ちた混乱した説明で知識の溝《みぞ》を埋めようとするかもしれない。子どもは愛する者を失ったことで自分自身を責め、死者だけではなく生きている人たちからも切り離されていると感じるかもしれない。

子どもたちが愛するものの喪失に向きあうのを助ける最初のステップは、恐れや空想や感情を存分に表現するのを許すことだ。安らぎや慰めは、思いやりをもって聞いてくれる人と深い感情を分かちあうことによって生じる。

親はまた、子どもが心に抱いても、なかなか表現しにくい感情の一部を、言葉にしてやる必要があるかもしれない。たとえば子どもが慕《した》っていた祖母が亡くなった場合、親はこんなふうに言えばいいだろう。


「おばあちゃんが恋しいのね」

「おばあちゃんがいなくてすごくさびしいのね」

「おばあちゃんが大好きだったのね。おばあちゃんもあなたが大好きだったわ」

「おばあちゃんにまだ生きてて ほしかったのよね」

「おばあちゃんがいなくなったなんて信じられないわね」

「あなたはよくおばあちゃんのこと覚えてるわね」

「またおばあちゃんに会いに行きたいんでしょう」

このようなコメントは、親が子どもの気持ちや考えに関心を抱いていることを伝え、子どもに恐れや空想を分かちあうよううながす。子どもは、「死ぬのは痛いことなのか、死んだ人は戻ってくるのか、自分や親もいつかは死ぬのか」といったことを知りたがるかもしれない。答えは簡潔に真実を告げるものであるべきだ。「死ぬときには痛みを感じない、死んだ人は戻ってこない、どんな人でも最後には死ぬ」と。

子どもたちに死を伝えるときには、遠まわしな表現は避けたほうがいいだろう。おじいちゃんが「永遠の眠りについた」と告げられた四歳のある少女は、おじいちゃんが自分のことを怒っているのではないかと心配した。おじいちゃんが寝る前に自分におやすみを言わなかったからだ。ある五歳の少年は、「おばあちゃんは天国に行って天使になった」と告げられると、残された家族も死んで天使になるように、と祈った。

子どもは事実を簡単に正直に告げられ、そのあとで、やさしく抱きしめられたり愛情のこもった表情を見せられたりすると、安心する。このようなアプローチは、親自身が生と死の現実を受け入れているときに効果的だ。**人生の重要な出来事では、態度が言葉より多くを語る**のである。

成長するのは容易なことではない。疑い、罪の意識、そしてとりわけ不安といった、障害になる感情や考えがつきまとうからだ。子どもたちは親に捨てられるのを恐れ、親同士の衝突に悩まされ、死や死にゆくことを心配し、混乱する。親は子どもたちの不安を一掃《いっそう》することなどできない。しかし、子どもたちの不安に理解を示し、不安を引き起こす出来事に備えさせれば、子どもたちがそのような出来事によりうまく対処するのを助けてやれるだろう。

〈9章〉性的な話題にどう答えるか

多くの親は、自分の子どもの性行動については知りたくないと思っている。思春期の子どもは、異性との親密な交際を、すすんで親に話そうとはしない。親が賛成してくれないだろうと思う場合はなおさらだ。

子育てグループに入っているある母親はこう述べている。「若いときは親の道徳的判断から自由でいたいと思っていました。でもティーンエージャーの娘をもつ母親であるいまは、頭では娘がセックスをするという考えを受け入れられるのですが、それについて知りたくはないんです。話してほしくないし、相談してほしくもありません」

実際に親は、自分の子どもが性的な存在だということをまともに受けとめられない。また、子どもの性行動に気づかないでいることもある。

ミネソタ大学の思春期健康発育センターの研究チームが、二〇〇〇年の九月に出した報告によれば、性的に活発なティーンエージャーをもつ母親の半数が、自分の子どもはまだ純潔だと信じているという。センター長のロバート・ブラム博士は、なぜそんなに多くの母親（父親ではない。父親で回答をくれた人はほとんどいなかった）が子どもの性行動に気づいていないかについては調べなかった、と述べている。

親子（とくに十代の子どもと親）のコミュニケーションは、信頼しあった思いやりのある関係のなかでしかうまく機能しない。**若者にとって話しやすい親とは、自分たちの言い分を聞いてくれる親である。**また、どなったり、批判したり、子どもが言わなければならないことをはねのけたりしない親である。そのような親だと思わなければ、若者はセックスへの関心を正直に話さない。

十三歳のセルマは言う。「お母さんには、セックスについて何も訊けません。訊くと、どうしてそんな質問をするのかと心配しはじめるんです。『何のためにそんなことを知りたいの？』と母は言います」

十二歳のジュリエットは言う。「私のお母さんは無知が純潔を保証すると信じています。セックスについて何かたずねると、怒りだすんです。お母さんはいつもこう答えます。『もっと大きくなれば、知る必要があることを学ぶようになるわ』」

いっぽうには、息子の性関係を好意的に受けとめ、勇気づけさえする親がいる。他方には、子どもの性体験を知りたがらない親がいる。そういう親はどうすれば子どもに罪の意識を抱かせず、同時に早まったセックスを認めずに対応できるかわからないのだ。

次に紹介する会話は、チャールズの父親が、最初はチャールズの発言にショックを受けたものの、そのジレンマをどう回避したかを示している。十七歳のチャールズが寄宿制の大学で三年生を終え、家に帰ってきたときのことだ。

チャールズ：すてきなガールフレンドができたんだ。

父親：ほお、そうかい。

チャールズ：先週、学校で会ったんだ。最初は彼女、ラリーとデートしてたんだけど、ぼくのこと好きなのがわかったのさ。彼女を本気で好きになる前にベッドをともにしたんだけど、いまじゃ彼女のことがわかってるし、すごく好きなんだ。

父親（うろたえる）：そうか、チャールズ、ほんとうに気に入った子と会ったんだな。わくわくするだろう！

チャールズ：先週、ずっといっしょだったんだ。彼女が恋しいよ。早く会いたい。

父親：先週はほんとうに幸せだったようだな。今年は新しい体験をたくさんすることになりそうだな。

チャールズ：そうなんだ。音楽のコースでぼくがどれだけ学んだか、お父さんには信じられないだろうな。ぼく、以前と同じ人間じゃないような気がするんだ。家から離れて大学に行ったことで、成長したんじゃないのかな。

もしチャールズの父親が、説教したり、道徳を説いていたりしたら、息子に罪の意識を感じさせていたかもしれない。それが原因で、チャールズは将来、父親にガールフレンドのことを打ち明けるのをためらうようになっていたかもしれない。しかしチャールズの父親は、説教せずに、新しい恋人を見つけた息子の喜びに焦点を当て、息子が自分自身を成熟した人間とみなす手助けをした。

けれども、婚前セックスを罪とみなす一部の親、とりわけ信仰心の厚い親は、無邪気な性的関心にさえ罪の意識を感じさせることが、人間の価値を教える効果的な方法だと思っている。

母親が性的なことをどう思っているか知っている十三歳のサマンサは、友だちを呼んで中学校の卒業パーティを開く許可を求めた。

サマンサ：卒業パーティを開いてもいい？

母親：開きたければね。

サマンサ：一部の子どもたちがパーティでどんなことをするか知ってる？　キスごっこをするのよ。
母親：へぇ。
サマンサ：うちのパーティでもやるかもしれないわ。やってもいい？　やるかどうかはわからないけど。私が決めることになるなら、やらないでしょうけど、やるかもしれないわ。許してくれる？
母親：考えておくわ。
サマンサ：聖書がセックスを認めているって知ってる？
母親：だれの？
サマンサ：夫と妻の。
母親：もちろん、結婚した人たちのね。
サマンサ：パーティはどう？　認めてくれる？
母親：あなたはどう思う？
サマンサ：お母さんはだめだと言うと思う。そうでしょう？
母親：そのとおりね。
サマンサ：どうして？　ただ理由が知りたいの。

母親：あなたの年頃の子たちにはまだ早すぎると思うの。キスや愛しあうのは結婚した大人のためにあるのよ。

サマンサ（うめいて）：お母さんがそう言うのはわかってたわ。

芽生えはじめた娘のセックスへの関心を、自然なこととして受けとめてやれるチャンスだったのに、サマンサの母親はそれを生かしきれなかった。詮索《せんさく》したがる娘に次のように言うこともできたはずなのだ。「あなたが恋愛に興味を抱いているのはわかるけど、そのゲームはあなたたちの年頃の子にはふさわしくないと思うわ。他に楽しめるものを考えましょう」サマンサの母親はそうは言わずに、すでに罪の意識にかられている少女に追い討ちをかけた。

親自身の性へのかかわり方

性教育は、親が性にたいしてとる態度からはじまる。自分の体の形、匂い、感覚を好んでいるか、それとも、不快感を覚えているか？　おたがいの前で裸になることに喜びを感じているか、それとも、恥ずかしがって目を閉じたり衣服で隠したりするか？自分自身の性やパートナーの性になんらかの嫌悪感をいだいているか、それとも理解を示しているか？　おたがいを快楽の道具とみなしているか、それとも快楽を分かちあう刺激的な存在とみなしているか？

たとえ言葉で打ち消そうとしても、親が心のなかで思っている気持ちは子どもたちに伝わる。セックスについての子どもの質問にどう答えるべきかを、正確に示すのがむずかしい理由はそこにある。親自身のとまどいをまず認識し、不安や当惑を解消しなければならない。

子どもの質問に答える

性教育は情報と価値の二つの部分からなっている。情報は学校や教会や家庭であたえられるが、価値を教えるのは家庭がいちばんだ。子どもたちは、親のやりとりを観察することによって、性的な関係や愛する関係を学んでいく。親同士がキスをしたり、抱きあったり、性的な含みをもつ言葉のやりとりをしたりするのを見ることで、セックスや愛についての疑問の多くが解けていく。そうしたことはまた、自分自身の愛の感情に素直になるよう子どもたちにうながす。

性教育においては、親はあまりに早く多くをあたえすぎないよう注意しなければならない。子どものセックスの質問に正直に答えていけない理由はないが、産科学の講義をする必要はない。長々と説明するより、一つ二つのセンテンスで簡潔に答えたほうがいいのだ。

子どもに性的な事項を教えるのにふさわしい年齢は、子どもが質問するときだ。二、三歳の男の子が自分の性器を指さして、「これなあに？」と聞いたら、「それはあなたのペニスよ」と告げるちょうどいい機会だ。幼い子どもたちはおちんちんと呼ぶかもしれないが、大人は正しい名称で呼ぶべきだろう。

赤ん坊がどこからくるか、子どもが疑問に思ったときには、「病院からくるのよ」とか「コウノトリが運んでくるのよ」という言い方はしない。「お母さんの体の特別な場所のなかで育つのよ」と言う。このとき、その場所が子宮であることを教えるかどうかは、子どもがそこまで聞きたがるかどうかによる。

子どもたちは生後、早いうちから、自分たちの器官の名称と働き、男女間の解剖学的なちがいなどを学ぶべきだ。そうした説明は、動植物を使ってやらないほうがいい。ほぼすべての就学前の子どもたちを悩ませる二つの疑問がある。どのようにして妊娠するのか？　どのようにして赤ん坊が生まれるのか？

それらの疑問に答える前に、まず子どもがどう考えているかを聞くことをすすめたい。子どもの答えはふつう、食べ物と排泄《はいせつ》にからんでいる。ある利口な子どもはこう説明した。

「いい赤ん坊はいい食べ物から生まれるの。ママの胃のなかで成長し、おへそから出てくるの。悪い赤ん坊は悪い食べ物から生まれ、お尻の穴から出てくるの」

わたしたちの説明は事実をありのままに伝えるべきだが、性交渉をくわしく述べる必要はない。「お父さんとお母さんが赤ちゃんを欲しくなったら、たくさんの精子を含んだ精液と呼ばれる液体がお父さんの体からでて、お母さんの体のなかにいる卵細胞とくっつくんだよ。二つの細胞が合体すると、赤ちゃんが成長しはじめるんだ。それで、大きくなると、お母さんの膣を通って出てくるんだ」

ときに、子どもは自分が出てきたところを見せてほしいと要求する。そのようなプライバシーの侵害は許さないほうがいい。かわりに人体の絵を描いてもいいし、人形を使って説明することもできる。イラスト入りの本を活用するという手もある。

わたしたちの答えは短いあいだしか子どもを満足させないかもしれない。子どもは同じ質問か、追加の質問をたずさえて戻ってくるだろう。子どもの突っこんだ質問は、親を恐れさせるものになるかもしれない。「お父さんの精子はどうやってお母さんの卵細胞に入りこむの？」

このときにもまた、子どもがどう考えているかを聞くのがいいだろう。おそらく、「種まき」（パパがママのなかに種をまく）、「種を食べる」（パパがママに果物の種を飲みこむように言う）、受粉（風がお母さんのなかに種を運び入れる）、手術（お医者さんが手術をしてお母さんのなかに種を植える）などの考えを聞かされることになるだろう。その後で、簡潔に子どもの質問に答えてやるのだ。「精液はお父さんのペニスから出るんだ。それはお母さんの膣にぴったり合うようになってるんだよ」

これは、精液が尿と異なることを伝えるいい機会かもしれない。「尿は体の排泄物だけど、精液は精子を運ぶ液体なんだ」

次に子どもの口をついて出てくる質問は、「ママとパパはいつ赤ちゃんをつくるの？」というものになるかもしれない。親は詮索されているように感じるかもしれないが、子どもの真意はそんなところにはない。だから、次のように簡単に答えるだけで十分だ。「お母さんとお父さんは気分のいい二人きりの時間を選ぶの。おたがいに愛しあって、愛する赤ん坊が欲しいって思うのよ」愛をかわすことがプライベートな出来事であることもつけ加える必要があるかもしれない。

一部の男の子は、父親も赤ん坊をもてるかどうかを知りたがり、こうたずねるだろう。「お母さんの卵子はどうしてお父さんのなかに入っていかないの？」これにたいしては、女性の体には、男性の体にはない子宮と呼ばれる場所があり、そこで赤ん坊が育つことを説明してやればいい。「どうして？」とたずねられたら、「男と女の体はちがったふうにつくられているからだ」と簡潔に答えればよい。赤ん坊は自分を愛し守ってくれる父親を必要とすることを、男の子に保証してやるのもいいかもしれない。

子どもとセックスの話をするのは、往々にして気まずいものだが、ユーモアのセンスが、ときにとても役立つことを覚えておこう。ある母親は次のようなおもしろい話をしてくれた。「二歳半の息子のポールが、私にペニスがついているかどうか聞いたんです。ついていないと言うと、じゃあ、かわりにそこに何があるのかと聞きました。『ママは特別な場所をもってるの』と答えると、『なんていう名前？』と訊かれました。幼すぎて理解できないだろうと思いながらも、私はその名称を告げました。それから数週間たったある日、わたしたちが住んでいるビルのエレベーターにポールを乳母車に乗せて入ったんです。ひどく混みあっていました。すると声の大きい年配の女性が、ポールに根掘り葉掘りたずねはじめました。『名前はなんていうの？　素敵な休日を過ごしてる？　こんにちはって言える？』ポールは押し黙っていました。私は前かがみになって、ポールの耳元でささやきました。『こんにちはって言いなさい』『こんにちは！』とポールが大声で叫びました。『あら、ようやくこんにちはって言えたわね！』と女性が甲高い声で言いました。ポールは彼女をじっと見つめて、はっきりと言いました。『ぼく、臆っても言えるよ』エレベーター中に笑い声が響きました。私はほとんど冷静さを保つことができませんでした。部屋に戻ると、ポールが言いました。『あれはぼくの知っている最高の言葉なんだ』」

●裸体

子どもたちはママやパパの裸を見て、性的に興奮させられることがある。ということは、ビクトリア時代のような上品ぶった態度を取り戻さなければならないのだろうか？　そうではない。しかし、わたしたちは自分自身の平和のためにも、子どもたちの発育のためにも、プライバシーを必要とする。シャワーを浴びている最中や着替えの途中に、たまたま見られることぐらいはかまわないが、そのような行動を奨励すべきではない。とりわけ、わたしたちが子どもに自分の体を探らせたがっていると思わせないよう、注意しなければならない。

子どもはたしかに人体に好奇心を抱いている。小さな男の子と女の子のちがいを観察するチャンスはあったし、たまにわたしたちの裸を垣間見てもきた。だから、わたしたちの体をもっと見てみたいと思うだろう。子どもたちの好奇心をオープンに認めながらも、正当なプライバシーを主張するのがいちばんいい。「私がどうなっているか見たいかもしれないけど、お風呂に入るときには一人でいたいの。かわりに、あなたの疑問に答えてくれる絵を見ましょう」このように言えば、子どもの好奇心を否定することなく、より社会的に容認される回路へと導いてやれる。好奇心は見ることや触ることによってだけではなく、言葉でも表現することができるのだ。

●マスターベーション

子ども時代のマスターベーションは楽しく、子どもに慰めをもたらすが、多くの親には葛藤をもたらす。子どもは寂しいときや退屈しているとき、あるいは親に拒絶されたとき、マスターベーションをして自分を慰める。

親は子どものマスターベーションに漠然とした不安を抱き、心配する。たいていの親は、マスターベーションが無害だということを、本を通して、あるいは自分の体験を通して知っている。それが狂気、不妊、不能といった災いの原因にはならないことも承知している。ところが、自分の子どもたちが性器をもてあそんでいるのに出くわすと、うろたえ、とめようとするのだ。

マスターベーションが正常な性機能の発達の一つの局面であり、大人になるまでつづくかもしれないということを、親は知識のうえでは知っている。にもかかわらず、子どもがマスターベーションするのをなかなか受け入れることができない。
マスターベーションはごく自然な子どもの性的実験の一つである。もし公の場――夕食のテーブルや車のなか――で子どもがそうした行動をとるのを見つけたら、それらの楽しい活動は私的なものだと言い聞かせなければならない。その場合、過剰反応を起こしたり、子どもを辱めたりしないことが重要だ。簡潔にコメントするだけでいい。「そんなふうにして触るのは気持ちがいいけど、自分の部屋でやるものよ」

禁じられた遊び

幼児は自分の体を調べたがるが、子どもはおたがいの体を探求したがる。わたしたちの多くは、幼い子どもの頃、親が見ていないところで異性の友だちとおたがいの体を見せあったのを覚えている。異性の体にたいする好奇心は抑えがたいものだ。

そうした好奇心を満たすため、子どもたちはお医者さんごっこやままごとなどいろいろな遊びを発明する。仲間内で相談し、のぞきのゲームをやることもある。たとえ性的に開かれた親でも、そうした状況に冷静に対処するのはむずかしい。親たちは子どもをたたいたり、子どもに恥をかかせたりするようなことは慎むかもしれないが、そのような行動にどのように制限をもうけたらいいかわからない。今日では、子どもの将来の性生活に有害な影響をあたえるのではないかという恐れから、そのような秘めごとに干渉すべきかどうか悩む親さえいる。

二歳か三歳の女の子が、おしっこをしている男の子を眺めるのは、自然な成長過程の一部と考えられる。子どもたちが同じトイレを共有する保育園では、直接観察しあうことで、好奇心が満たされるかもしれない。けれど、小学校にあがる頃には、そうした体験はもう十分と考えてもいいだろう。

男の子と女の子がパンツを下げたり、スカートをまくりあげたりしているのを見たら、親は「何してるの?」などとたずねるべきではない(もし子どもが正直に答えたら、とても気まずい思いをすることになるだろう)。そのようなとき、「あなたたち、どうしたの? 恥ずかしいでしょう! ジミー、すぐお家に帰りなさい。メリッサ、あとでお仕置きよ」というような言い方で、恥をかかせたりたしなめたりするべきではない。かといって、「裸で歩きまわるには寒すぎるわよ」というような安易な言い訳や偽りのアリバイをあたえるのも考えものだ。いちばんいいのは、「ジミー、メリッサ、二人ともすぐ服を着て、ほかの遊びを見つけなさい」と言うことだ。

警戒心をもたない穏やかな親の態度は、セックスや愛への子どもの興味を損なわずに、性的な実験に制限を課すことを可能にする。

同性愛について話すとき

思春期直前の子どもたちは、同性の友人と情熱的と言ってもいいほどの親密な関係を結ぶことがある。それを見て、一部の親は動揺する。自分の子どもが同性愛者だったらどうしようと案ずるからだ。

思春期直前、男の子たちは群がって行動し、女の子たちは親密な友情で結ばれたグループをつくって行動する。ほとんどの時間、セックスが話題の中心を占める。子どもたちは意見を交換しあい、それぞれが発見したことを語りあう。こうした同性同士の友情は、異性愛の発達に欠かせない前奏曲なのだ。

同性の友人と性的な実験をする子どもたちもいる。だが、そうした子どもたちも、ほとんどが、ゆくゆくは異性の友人を選ぶようになることがわかっている。インディアナ大学にあるキンゼイ研究所の研究者たちは、一九九四年に出した報告のなかで、多くの人が何らかの同性愛的な体験をしたことを認めているが、そのなかで自分を同性愛者とみなしているのは、男性の四パーセント、女性の二パーセントにすぎないと述べている。思春期には、自分の性的指向を混同することがめずらしくないのだ。

親が開けっぴろげで、懐《ふところ》が深く、子どもの性的感情についての関心を分かちあってくれる子どもたちは幸運である。

このことについて、専門家は何を言えるだろう？　数年前までは、思春期の同性愛の子どもたちは心理的な治療を受けたが、フロイトですら、人の性的指向を変えることを楽観視していなかった。今日では、同性愛の傾向はだいたいが生物学的に決められることがわかっている。したがって、性的指向を変えようと試みるより受け入れるほうが一般的になりつつある。

同性愛について子どもに話すときには、道徳的な判断を差しひかえるべきだ。男性が女性ではなく男性を愛するとき、正確に何が起こるのかを話しあうのも避けるべきではない。そのことについてあなたが知っている最良の情報を子どもたちに正直に話してもらいたい。子どもが「どうしてレベッカは二人もお母さんがいるの？」と聞いたとき、ごまかさずに、子どもを信頼して真実を告げれば、ゆくゆく子どもは親に感謝するようになるだろう。

性的体験を分かちあう

人生においても、文学やテレビ、映画においても、性的なタブーは変わりつづけてきた。わたしたちの時代の気分は、「隠さず、自由に」である。セックスはもはや禁じられた事項ではない。学校で教えられ、家で話しあわれる題材である。教会のなかでさえ、道徳は現実の光に照らして再評価される。そして現実に、セックスは人気の話題でありつづけてきた。

ティーンエージャーの子どもたちは、セックスについて学べることをすべて学びたいと思っている。かれらは悩み、まごつき、個人的に現実的回答をもとめている。セックスについて真剣に話しあう機会をあたえられると、かれらは自由に分別をもって語りあう。子どもたちがさがしもとめているのは、自分たちなりのセックスの基準と意味である。自分の性衝動とじょうずにつきあい、全人格の一部にそれを組みこみたいのだ。

十五歳のジェイソンがセックスと愛について父親と話しあっていた。「男の子と女の子のほんとうのちがいをぼく、見つけたんだ。女の子は愛を得るためにセックスの約束をし、男の子はセックスを得るために愛を約束する。女の子を愛して、おさらばするのがぼくの流儀なんだ」

父親：おまえが女の子を愛して、おさらばしたら、その女の子はどうなるんだい？

ジェイソン：ぼくの知ったこっちゃないよ。そんなこと考えないようにしてるんだ。

父親：いいや、そのことを考えるんだ。もしおまえが愛を約束して女の子をセックスに誘ったら、彼女の気持ちはおまえの問題になるんだぞ。

ジェイソンの父親は、正直さと責任はすべての人間関係にかかわるという自分の価値観を再確認したのだ。単純か複雑か、社会的か性的かにかかわらず、あらゆる状況は個人の誠実さを必要とする。

十六歳のナタリーはこう言う。「わたしたち親子は『突っこんだ質問をしない。本心も明かさない』という暗黙のルールに守られて暮らしています。両親は何が起こっているかを本気で知りたがらないんです。そして私もかれらにはほんとうのことは言えません。私は『いい子』なんです」

「ぼくのお父さんは隠しだてせずにほんとうのことを話せといつも言うくせに、セックスのことになると正直じゃなくなるんです。セックスを話題にするときには、ぼくの素直さは歓迎されません」と十五歳のジョシュアは不平をもらす。

親はティーンエージャーの子どもに、セックスにたいする自分の気持ちに正直であるよう、うながさなければならない。つまり「ノー」と言いたいときに「イエス」と言わない、自分の欲求に耳を傾け、自分の安らぎを大切にする、他人を喜ばせることや仲間に参加することを重視しすぎない、大人ぶるためにセックスしない、性的関係を愛の関係と混同しない、といったことだ。

思春期の子どもの性行動において、自分がどんな役割を果たしたらいいか、迷っている親が多い。サリーの母親は、十七歳の娘に避妊用のピルを手に入れてもらいたいと頼まれ、心理学者に相談した。「娘のことはよくわかっています。娘は恋におちたらセックスをしたいと思うでしょう。ピルがあれば、少なくとも安全です。でも、それによって、セックスしやすくなることが心配なんです」

「親に避妊用のピルを頼むティーンエージャーは、そうした依頼をすることによって、自分がまだ大人になる準備ができていないことを示しているんです」とその心理学者は答えた。「思春期の子どもにピルをあたえれば、親は子どもから重要な体験を奪いとってしまいます。自分で決定を下し、その結果を受け入れるという体験です。大人は親に責任を転嫁しません。自分の責任は自分で引き受けるのです」

帰宅したサリーの母親は、娘にこう告げた。「もしあなたがセックスをする準備ができていると思うなら、避妊用ピルについてお医者さんに相談する準備もできているはずよ。もし私があなたのためにピルをもらってきたら、あなたの行動にたいする責任を、あなたではなく、私がとることになるでしょう」

成熟した愛とは

「恋愛だけがセックスを正当化するの」と十六歳のベティは言う。「だから私はいつもだれかを愛してるわ」このようなシニカルな考えには社会的な歴史がある。ベティはおそらくセックスに罪の意識を感じており、自分の性行動を正当化できる唯一の方法が恋におちることなのだ。本物あるいは想像上の愛が彼女の罪を償《つぐな》う。

しかし、愛はたんなる気持ちや情熱ではない。愛とは、愛する者と愛される者、両者の人生を高める一連の態度と行動だ。恋愛はしばしば盲目的である。それは、愛する者のなかに強さは認めるが、弱さは見ない。対照的に、成熟した愛は弱さを拒むことなく、強さを受け入れる。成熟した愛においては、少年も少女も相手を利用したり所有したりしない。それぞれが独自の足で立っているのだ。そのような愛は、成長して最高の自分になれる自由をあたえる。愛とセックスは同じものではないが、幸運な人たちは両者を結びつけることができる。

〈10章〉思いやりのある話し方を学ぼう

子育ての目標は何だろう？　子どもが成長して、礼儀正しい人間、慈悲心と責任感と思いやりをもった人間になるのを助けることである。

どうしたら子どもを人間らしく育てられるだろう？　人道的な方法を用いることによってのみ、それは可能となる。それには、プロセスが大切であり、結果は手段を正当化しないことを認識する必要がある。また、子どもに言うことを聞かせようとするあまり、子どもを感情的に傷つけないようにしなければならない。

子どもたちの成長は、親とのコミュニケーションのあり方に大きく左右される。だから、**子どもたちを怒らせたり、傷つけたり、自信を失わせたり、自分の能力や価値を信じる気持を萎《な》えさせたりしない方法で話すコツを、親は学ぶ必要がある。**

家庭がどんな音色をかなでるかを決めるのは親である。いろいろな問題にたいして親がどう反応するかで、問題がエスカレートするかしずまるかが決まるのだ。子どもの気持ちを否定したり拒絶したりする言葉は、子どものなかに恨みを生みだし、親子

の対立へ発展していきやすい。したがって、親は拒絶の言葉を捨て、受容の言葉を学ぶ必要がある。ほとんどの親はそのような言葉を知っている。かれら自身の親が、お客さんや見知らぬ人にたいして使っていた言葉だからだ。それは、感情を傷つけず、行動を批判しない言葉だ。

ジーンズをはいたある大学生が通りを渡ろうとして、タクシーに轢《ひ》かれそうになった。怒ったタクシーの運転手は大学生をののしった。「目ん玉がついてねぇのか、このボケナス！　殺されてぇのか？　母ちゃんにお手てつないでもらわなきゃなんねぇのかよ！」

若者は背筋を伸ばして立ち、穏やかにこうたずねた。「お医者さんにもそんな話し方をするんですか？」運転手は深く後悔し、謝った。

子どもにたいし、医者に話すように話す親は、子どもを怒らせることはない。

ノーベル文学賞を受賞したトーマス・マンは、「話すことは文明そのものだ」と語った。しかし、言葉は人間を教化するだけではなく、残忍にすることもある。癒すことがあるだけではなく、傷つけることもある。親は思いやりや愛情のこもった言語を必要とする。また、感情を伝える言葉、気分を変える反応、誠実さを勧めるコメント、洞察をもたらす答え、敬意を伝える返事などを必要とする。

ふだん、わたしたちは会話をするとき、知的なレベルでやりとりしている。しかし、思いやりをもった親の話し方は、もっと親密だ。子どもの気持ちや必要性を敏感に察知し、子どもの心に直接語りかけるのだ。そのようなしゃべり方は、子どもが安定した肯定的な自己イメージを育む助けになるばかりか、親を尊敬の念と思いやりをもって扱わなければならないという気持ちにさせる。

とはいえ、わたしたちのふだんのしゃべり方を、思いやりのあるしゃべり方に替えるのは簡単なことではない。たとえばブルームさんは、思いやりのある子どもとのコミュニケーションを学ぶために開かれた、親たちのガイダンス・グループに参加してきた。何回かの会合のあと、わたしたちは次のようなやりとりをした。

ブルームさん：これまで子どもに言ってきたすべてのことがまちがっているように思えるんです。でも、しつけの方法を変えるのはとてもむずかしいですね。

ギノット博士：態度を改めて、新しいスキルを学ぶのは容易なことではありません。

ブルームさん：それに、もしあなたの言うことが正しいとすれば、私は尊敬の念も威厳ももたずに、子どもたちを扱ってきました。子どもたちが私を尊敬せず、耳を貸さないのも不思議じゃありません。

ギノット博士：ご自分の知識が足りなかったということで、自分自身を責めているんですか？

ブルームさん：だと思います。でも、自分自身を責めているかぎり、子どもとのしゃべり方を変えられませんね。つい、子どもたちのことも責めてしまいますから。そうか、ようやく何をすべきかわかりました。責めるのをやめなきゃならないんですね。そして、あなたが勧めている思いやりの言語でうまくいくかどうか見てみればいいんですね。

親が思いやりをもって子どもに応じる努力をすれば、その報いは大きい。子どもはそのちがいに気づき、同じような態度で親に接することを学ぶのだ。

ブラウンさんは、事務所のペンキぬりをする日に、九歳の娘、デビーをいっしょに連れていった。そして、娘と次のような会話をした。

ブラウンさん：ペンキの匂いとこのほこりには耐えられん。なにもかも散らかってる。

デビー：こんな状態で働かなくちゃならないなんて、不愉快でしょうね。すごい散らかりようだもの。
ブラウンさん：まったくだ。
デビー：私がお父さんに言ったこと、どう思う？
ブラウンさん：気にいったよ。内心、デビーは私が感じていることを理解してくれてる、と思ったよ。
デビー：最近、お父さんが私にそんなふうに話すのに気づいてたの。

しかし、思いやりの言語を使った新しいコミュニケーションの方法を、子どもがかならず評価してくれると期待してはならない。次に紹介する母親が述べているように、子どもは、感情を認めてくれなくてもいいから、問題を解決してほしいと主張するときもある。

ある日、彼女の十一歳の息子ノアが七歳の弟ロンについて不平をもらした。

ノア：ロンは嘘をついてぼくをだまして悩ませるんだ。うんざりだよ。
母親：不愉快でしょうね。学校での長い一日が終わって家に帰ってきたら、あなたの人生をみじめにする弟に迎えられるなんて。

ノア：ほら、まただよ。ぼくは自分がどう感じてるか知ってるさ。お母さんに教えてもらわなくてもいいよ。

母親（防衛的にならずに、穏やかに）：私は自分が感じていることをだれかに言われると、理解されている気がするわ。

ノア（怒って）：だけど、お母さんがぼくを理解してくれているのはわかってるんだ。ギノット先生に言われたことを少し真《ま》に受けすぎてるんじゃない？　お母さんの変わり様が好きじゃないんだ。

母親：じゃあ、どうしてほしいの？

ノア：もっと、ロンをどなりつけてほしいんだよ。

母親：でも、どなりつけても何の解決にもならないってことを学んでるのよ。

ノア：お母さんにロンとの問題を解決してもらいたいんだよ。

母親：前は問題を解決してあげようとしたけど、もうしないの。あなたは気に食わないかもしれないけど。あなたには自分の問題を解決する能力があるって信じてるわ。

ノア：ロンの嘘はどうするの？　ぼく、耐えられないよ。

母親：昨日の晩ね、お父さんがこんなこと言ってたわ。『ロンの嘘をどうしようかと思ってたんだけど、たんなる成長段階の一つだとノアに言われて、ほっとしたんだ』って。子どもの困ったふるまいに悩まされていたお父さんを、十一歳の少年が助けたのよ。そんなこと想像できる？

ノア：ぼくがお父さんを助けたんだね。たぶん、自分自身のことだって、助けられるよね。

攻撃されたとき、古い対応の仕方へと戻らないようにするには、スキルが必要だ。この母親はノアに批判されても、動揺しなかったし、学んだことを実践しようという決意をひるがえさなかった。息子の窮状《きゅうじょう》を認めて、心地よいやさしい気分になれたので、自分を正当化しようとしなかったし、問題を解決してほしいという息子の要求にも屈しなかった。かわりに、息子が自分で問題を解決する能力をもっているという自信を深めるのを手伝った。そうすることで、息子の成長を助けたのである。

口やかましく言っても無駄

本書で提唱されている方法は、しつけに関して、厳しいのか寛大なのかを親は知りたがる。答えは、厳しくもあるし、寛大でもある。というのは、子どもの無作法なふるまいを扱うときには厳しいが、あらゆる感情、願望、欲求、空想などは、肯定的なもの、否定的なもの、あるいは矛盾するものであれ、寛大に受けとめられるからだ。わたしたちだってそうだが、子どもは、自分が感じることをどうすることもできない。ときに子どもは貪欲《どんよく》さ、強い欲望、罪の意識、怒り、恐れ、悲しみ、歓喜、嫌悪を感じる。子どもは自分の感じる感情を選ぶことはできないが、それらをいつ、どのようにして表現するかには責任を負っている。

受け入れられない行動を我慢して見ている必要はない。だが、受け入れられない行動を子どもに無理やり変えさせようとしても、なかなかうまくいかない。にもかかわらず、多くの親は無駄な疑問に頭を悩ませている。マークに雑用をさせるにはどうしたらいいだろう？　フレディに学業に専念させるにはどうしたらいいだろう？　グレースに部屋をかたづけさせるにはどうしたらいいだろう？　門限を破らないようコニーを説得するにはどうしたらいいだろう？

子どもに口やかましく言ったり押しつけたりしても無駄であることを、親は肝に銘じなければならない。強制的な手法は恨みや抵抗を生むだけだ。外からの圧力は反抗的な態度しか生みださない。子どもたちに影響をおよぼしたければ、自分の願望を子どもたちに押しつけようとはせず、子どもたちの立場を理解してやり、問題を解決するのを助けてやらなければならない。

「フレディ、おまえが宿題をやらないって、先生が知らせてきたんだよ。何が問題なのか教えてくれないか？　わたしたちが手伝える方法は何かあるのかな？」十一歳のフレディの答えがどんなものであれ、親は問題の根に行きつく対話をはじめることで、フレディが自分の宿題に責任をとるのを助けたのだ。

子どもは受け入れられる行動と受け入れられない行動とをはっきり示してもらう必要がある。親の助けがないと、衝動や欲求を行動に移さないようにするのはむずかしい。許される行為の境界をはっきり知れば、子どもはより安心できる。

親にとって、ルールをつくり、制限を課すことは比較的簡単だが、子どもにそれらを実行させるのは容易ではない。子どもたちがルールを破ったとき、親は柔軟に対応したいという誘惑にかられる。というのも、子どもには幸せであってもらいたいからだ。子どもがルールを破るのを許さない姿勢を貫こうとすると、かれらに愛されなくなるのではないかという不安や罪の意識を覚える親もいる。

十歳のスティーブが見ていたテレビ番組が終わったとき、「今夜のテレビはここまで」と父親は言った。すると、スティーブが怒って叫んだ。「お父さんのいじわる！　ぼくのこと愛してるなら、次にやるぼくの大好きな番組、見せてくれたっていいだろう」父親は折れそうになった。そのような頼みを拒むのは、彼にとって簡単なことではなかったのだ。でも、前例をつくらないことにした。自分でもうけた制限を守らせたのだ。

多くのルールをつくっても守らせるのはむずかしいので、親は重要なルールだけを選び、できるだけルールの数を少なくしたほうがいいかもしれない。

子どもの言い分をよく聞き、認めよう

思いやりをもって子どもを効果的にしつけるための基本原理をまとめると、以下のようになる。

1　まず聞き上手になるのが知恵のはじまり。思いやりのある聞き方とは、言葉が伝えようとしている気持ちを聞きとること、子どもが感じ、体験していることを聞きとること、子どもの言い分を聞き、子どもとのコミュニケーションの核心を理解することである。

子どもの話す真実は、かならずしも親の期待に沿うものとはかぎらない。ときに、子どもは親の聞きたくない真実を告げることもある。しかし、そうした真実をも受けとめてやれるだけの度量《どりょう》を親はもたなければならない。そうした懐の深さをもっていれば、やがて、子どもたちとのあいだに信頼の土壌が生まれ、子どもたちは親が心配するようなことでも、正直に話すだろう。さもないと、親が聞きたがっていることしか言わなくなるだろう。

では、具体的にどのようにして信頼の土壌をつくりあげればいいのだろう？　不愉快な真実をつきつけられたとき、親がどう反応するかで、信頼関係がつちかわれることもあれば、損なわれることもある。以下のような親のコメントは役に立たない。

「なんてバカげた考えなの」（しりぞける）
「あなた、自分が私を憎んでなんかいないこと、わかってるでしょう」（否定する）
「そのことについてはもう一言も聞きたくない！」（怒る）
「あなたはいつも早まって失敗するわね」（批判する）
「なんで自分がそんなに偉いと思えるの」（面目を失わせる）

かわりに、次のように言って、子どもの言うことを「認める」方法がある。「わかったわ。あなたの強い気持ちを話してくれて感謝するわ。それがあなたの考えた意見なのね。教えてくれてありがとう」

認めることは同意することではない。それは子どもの発言を真剣に受けとめることによって、対話を開始させる礼儀正しいやり方なのである。

2 子どもが知覚したことを否定しない。子どもの感情に文句をつけない。子どもの願望をしりぞけない。子どもの好みをバカにしない。子どもの意見をけなさない。子どもの人格を傷つけない。子どもの体験に議論を吹っかけない。かわりに、それらを認めてやる。

プールで、八歳のロバートが飛びこむのを拒んだ。「水が冷たすぎるし、気分があんまりよくないんだ」とロバートは泣き言を言った。

父親はこう答えた。「水が冷たすぎるなんてことはない。おまえがウジウジしてるだけだ。おまえはウサギのようにこわがって、赤ん坊のように泣いている。声がでかくても弱虫なんだ」父親の言葉は、子どもの知覚を否定し、子どもの体験をけなし、子どもの感情に異議を唱え、子どもの人格を傷つけた。

子どもの感情を認める反応は次のようなものだっただろう。「気分がよくないんだな。それで、水が冷たそうに思えるんだ。今日はプールに飛びこむ気がしないんだろう」

このような反応は抵抗を弱める。子どもは受け入れられ、大切にされていると感じる。子どもの言ったことが真剣に受けとめられ、子どもは責められていない。

3 批判するのではなく、導いてやる。問題を述べ、可能な解決策を提示する。子どもを否定するようなことは言わない。

ある母親は、娘が図書館から借りてきた本の期限が切れていることに気づき、こう批判した。「あなたはまったく無責任よ。いつだって期限を守らず、忘れてしまうわ。期限に間に合うよう本を返したらどう?」

導く方法を用いていれば、母親は問題を述べ、解決策をあたえていただろう。「本を図書館に返さなきゃ。期限が切れてるわよ」

4 怒ったときには、「私」という主語を用いて、自分が見たもの、感じたこと、期

待することを述べよう。「私、怒ってるの」「私、イライラしてるの」「私、憤りを感じてる」「私、がくぜんとしたわ」

子どもを攻撃するのは避けよう。ビリーの父親は、四歳の息子が友だちに石を投げるのを見たとき、こう言って子どもを辱めはしなかった。「おまえ、頭がおかしいんじゃないいか？　そんなことをしたら、友だちにけがをさせるだろう？　けがをさせたいのか？　なんてひどいやつだ」

かわりに、父親は大声でこう言った。「私はびっくりしたし怒ってもいる。人に石なんか投げるんじゃない。人は傷つけるためにいるんじゃないんだ」

5　子どもをほめるときは、具体的な行為に言及しよう。性格を評価してはならない。

十二歳のベティは、母親がキッチンの収納棚をかたづけるのを手伝った。母親は感謝の意をあらわすのに、次のような形容詞を使うのを避けた。「あなたはいい仕事をしてくれたわ。きっとすばらしい主婦になるわよ」

かわりに母親はベティが成しとげたことを述べた。「皿やグラスが全部かたづいたわ。

必要なものを見つけるのが簡単になるわ。大変な仕事だったけど、あなたはやってくれた。ありがとう」

そうした母親の言葉から、ベティは自分自身についてこう思った。「お母さん、私のしたことを気に入ってくれたんだ。私はいい仕事をしたのね」

6　現実には許せないことを空想のなかで許すことにより、子どもを傷つけない方法で「ノー」を言おう。子どもたちにとって、必要性と欲求とを区別するのはむずかしい。子どもにとっては求めるものは何でも必要なものである。

「新しい自転車を買ってくれる？　ぜったい、いるんだ。お願いだから買ってよ」と言う子どもの願いに、親はどう答えたらいいだろう？　次のようなそっけない答えではないほうがいい。「だめ！　買えないことはわかってるでしょ」

子どもの欲求を理解していることを述べ、かれらの願望を認めてやれば、少なくとも傷つける度合いは低くなる。「あなたに新しい自転車を買ってあげられればね。それで町を走りまわったり学校に行けたりしたら、どんなにか楽しいでしょうね。でも、いまは家にその予算がないの。お父さんに話して、クリスマスに買えるかどうか相談してみましょう」

親にとって、子どもの要求を拒むのはむずかしい。ふつうは子どもの欲求を満たしてやりたいと思う。子どもが幸せになるのを見たいのだ。こうして親は、満たしてやれない要求をされるとイライラして怒り、「ノー」と言わなければならないと、きつい言い方になる。そんなとき、怒らずに子どもの願望を認めてやれば、子どもは感情を表現しやすくなる。

7 子どもの人生を左右する事項では、子どもに選択と発言の機会をあたえよう。子どもたちは親に依存しており、依存は敵意を育む。親は子どもの恨みを減らすために、自立感を味わう機会をあたえるとよい。子どもが自立すればするほど、親への敵意は少なくなるのだ。

新聞のコラムに、子どもたちに選択肢をあたえることについて書いたところ、次のような手紙をいただいた。

あなたがお書きになったコラムの一つで、ごく小さな子どもでさえ、いくつかの選択を許される必要があることを読みました。それを思いださせてくれたことに、私は感謝したいと思っています。じつは、子どもだけではなく、人生のもう一つの端にいる人たちにもそのことがあてはまるのです。と申しますのも、人生の終わりに差しかかると、人はふたたび小さな子どものように無力になってしまうからです。

私には、ガンで死にかけている八十歳の父親がいました。人の世話にならなければ生きていけない状態におちいって、ひどく落ちこんでいる父の姿を見ていたとき、あなたの言葉が鮮明によみがえってきたのです。自分の人生をコントロールできないというのは、なんと悲惨なことでしょう。父がいくつか妥当な選択ができたら、イライラを少なくする助けになるのではないかと私は考えました。父が一言、口をはさめる状況、あるいははさむべき状況が驚くほどたくさんあったのです。たとえば、トイレに行くのを助けてもらいたいか？　私に話しかけてもらいたいか、それとも黙ってそばにすわっていてもらいたいか？　ランチが食べたいか？　孫に訪ねてきてもらいたいか？　といったことです。

そのいくつかはごく単純なことでしたが、すべて父が選択すべきだと思ったのです。父とはある程度、親密な関係を築けたと思っているのですが、父に選択をまかせたことが、助けになったような気がします。あいにく、父の苦痛をやわらげてあげることはできませんでしたが、死にゆくことの心の負担を、少しは軽くしてやれたものと願っています。

エピローグ

本書で提唱されている手法は、正しく適用された場合にのみ、親の仕事を軽くすることができる。

親の要求にたいする反応の仕方は、子どもによってまちまちである。とても素直な子どももいる。そのような子どもは、ここに述べられているような親子の対話の仕方を簡単に受け入れてくれるだろう。

保守性の強いほかの子どもたちは、こちらが催促《さいそく》しないかぎり、なかなか変化を受け入れてくれない。いっさいの「新しいやり方」にかたくなに抵抗する子どもたちもいる。本書で提唱されているアプローチを賢く適用するには、子どもの性格や気質をけっして無視してはならない。

子どもの能力を花開かせてやるには、思いやりと共感する心をもって子育てにあたらなければならない。本書に紹介されている方法は、試練に満ちた親子関係のなかで、いろいろな感情を素直に受けとめられる感性と、自分の欲求を敏感に感じとれる心とを育んでいく力をもっている。

若いカップルが、迷路のように入り組んだカリフォルニアのハイウェイで道に迷った。

「迷子になりました」とかれらは料金所で警察官に告げた。

「自分たちがどこにいるのか知ってるのか？」と警官はたずねた。

「ええ」とカップルは答えた。「料金所に書いてあります」

「自分たちがどこに行きたいのか知ってるのか？」と引きつづき警官がたずねた。

「はい」とカップルは口をそろえて答えた。

「じゃあ、きみたちは道に迷ってはいない」と警官は結論を下した。「わかりやすい道案内を必要としているだけさ」

親たちもまた、自分の子どもたちを育てるにあたって、自分たちが行きたいところに行きつくために、わかりやすい道案内があれば助けになるだろう。しかし、それに加えて、幸運とスキルも必要だ。「もし運がよいのなら、どうしてスキルが必要なの？」と人はたずねるかもしれない。

スキルは、運を無駄にしないために必要なのである。

訳者あとがき

本書は子どもとのコミュニケーションの取り方に苦慮している親や教師、これから子どもをもとうとしている人たちにとって、まさに福音の書です。

親子のコミュニケーションを扱った本はこれまでにもたくさん出版されていますが、この本はそのなかでもっとも高く評価され、世界中の親たちに愛読されている名著です。トマス・ゴードン（『親業――子どもの考える力をのばす親子関係のつくり方』〔大和書房〕の著者）は、本書をこれまで出版された育児書のなかでもっとも重要な一冊に位置づけています。

本書が世界三十カ国で翻訳され、何百万人もの読者を獲得してきた理由は、手にとって何ページかを読んでいただければわかると思います。やさしい言葉でわかりやすい実例をあげながら話を進めるその語り口はとても親しみやすく、読みすすめていくうちに、だれでも必ず、なるほどとうなずきたくなる箇所が出てくるはずです。

近年、親が子どもを虐待して死にいたらしめたり、逆に子どもが親を殺傷したりする事件が相次いでいますが、そこまで極端ではなくても、親子関係がギクシャクしている家庭が多くなっています。もちろん細かな事情はそれぞれ異なるでしょうが、事件を起こした子どもたちの動機などを聞いていると、親子のコミュニケーションのもつれがどうも原因の一端になっているようです。ごくふつうに見える家庭でも、子どもとのコミュニケーションの取り方に苦労している親は多いのではないでしょうか。実際、私自身もそうでした。

昔とちがって核家族が増え、密室の中で親子が向き合わなければならない環境の下では、親子のコミュニケーションの取り方というものが、家庭の雰囲気や子どもの性格形成に多大な影響を及ぼすであろうことは容易に察しがつきます。子どもの話に親がどう受け答えるかによって、家庭の雰囲気は自由で明るいものにもなれば、暗く陰うつなものにもなります。子どもの心の成長も、親の対応の仕方によって大きく左右されます。ということは、親のコミュニケーションの仕方によっては、知らず知らずのうちに子どもの可能性の芽を摘《つ》みとってしまったり、子どもの心に恨みや憎しみばかりを増幅《ぞうふく》させてしまったりもするわけです。

子どもとのコミュニケーションをうまく取ることが、家庭生活を円滑に運営し、子どもの能力を伸ばすうえで、これほどまでに重要性を増しているにもかかわらず、親たちがコミュニケーションのスキルを磨《みが》く場というものがほとんどないのが実情です。そんな現代の状況に一石を投じたのが本書なのです。

イスラエルに生まれた著者のハイム・ギノット博士は、エルサレムの大学を卒業した後、教師になりました。しかし、数年間の教員の体験を通して、自分には教室の子どもたちに対応できる十分な能力がまだ備わっていないことに気づき、アメリカに渡って臨床心理学を学び、博士号を取得しました。一九六五年に本書の初版が出版され、爆発的な反響を巻きおこしたのを機に、彼の名は一躍、世界に知れわたるようになりました。なぜそれほどまでに大きな反響を引きおこしたかというと、彼の提唱する会話術が、子どもの自主性と感性を育むことに重きをおいた、当時にあっては画期的な手法だったからです。その革新性と有効性はいまだに色あせることはなく、ダニエル・ゴールマン（『ＥＱ――こころの知能指数』〔講談社〕の著者）は、本書を「ＥＱを高めるための先駆的な育児書」とみなし、親たちに強く勧めています。

ギノット博士は本書を刊行した後、『親とティーンエージャーとの会話術』（未邦訳）『先生と生徒の人間関係――心が通じあうために』（サイマル出版会、絶版）をたてつづけに出版し、自説をさらに展開しましたが、一九七三年、長い闘病生活の末、五十一歳の若さで世を去りました。

けれども彼の革新的な考え方は、その後、弟子のアデル・フェイバやエレイン・マズリッシュらに受けつがれ、彼らの著作群（『子どもが聴いてくれる話し方と子どもが話してくれる聴き方大全』『憎しみの残らないきょうだいゲンカの対処法』いずれもきこ書房）を通して、親や教師たちに多大な影響をあたえつづけているのです。
ギノット博士の会話術の基本は、共感と思いやりをもって子どもたちとコミュニケーションするということです。心を病んだ子どもたちとの臨床体験を通して、そのような考えを抱くにいたったのです。ある講演で彼はこんなふうに語っています。

私が実践しているのは、思いやりをもって子どもたちと会話をするということです。あらゆる機会をとらえて、子どもたちが自分に自信をもつのを助けてやるのです。思いやりのある会話が病んだ子どもを癒せるなら、親や教師も、その原理と実践を応用できるはずです。心理療法家は病んだ子どもたちを癒せるかもしれませんが、ふつうの子どもたちが健全な心を育むのを助けられるのは、日々、子どもたちと接している人たちだけなのですから。

こうした考えを抱いていたギノット博士は、心理療法家として、日々、子どもたちと接するかたわら、ガイダンス・グループをつくって、親たちの教化にも努めました。思いやりのある効果的な子どもとの接し方を学ばせるために、○子どもに恥をかかせずにしつけをする方法、○子どもの品位をけがさずに問題を指摘する方法、○子どもを評価せずにほめる方法、○人を傷つけずに怒りを表現する方法、○子どもの感じていること、知覚していること、考えていることをまるごと認めてやる方法などを親たちに習得させようとしたのです。そうしたグループでのやりとりは本書中にも反映されています。ギノット博士がもっとも重視したのは、親がどのように対応すれば、子どもたちが自分の内側で感じていることを信頼し、自信をもてるようになるか、ということでした。

今回、翻訳するにあたって底本としたのは、奥さんのアリス・ギノット博士とウォリス・ゴダード博士が古くなったデータ部分を中心に手を入れて修正をほどこした改訂新版（二〇〇三年刊行）です（旧版は『親と子の心理学――躾を考えなおす12章』という邦題で一九七三年に小学館より出版されたが、すでに絶版）。このような名著の翻訳に携われたことは、翻訳者として、とても幸運だと思っています。本書の出版を快諾してくださった草思社のみなさんと、編集を担当していただいた当間里江子さんに心から感謝します。

二〇〇五年九月

菅　靖彦

＊本書は、二〇〇五年に当社より刊行された著作を文庫化したものです。

草思社文庫

子どもの話にどんな返事をしてますか？
親がこう答えれば、子どもは自分で考えはじめる

2022年2月8日　第1刷発行

著　者　ハイム・G・ギノット
訳　者　菅 靖彦
発行者　藤田 博
発行所　株式会社 草思社
〒160-0022　東京都新宿区新宿1-10-1
電話　03(4580)7680(編集)
　　　03(4580)7676(営業)
　　　http://www.soshisha.com/

本文組版　有限会社 一企画
印刷所　中央精版印刷 株式会社
製本所　加藤製本 株式会社
本体表紙デザイン　間村俊一

ISBN978-4-7942-2564-1　Printed in Japan

草思社文庫既刊

長谷川博一

お母さんはしつけをしないで

「しつけ」の呪縛が子どもも親も追いつめている。いじめ、不登校、ひきこもり等の問題のほとんどは、しつけの後遺症だと説く衝撃の書。親も子も楽になる「しつけないしつけ」を勧める話題の本。

杉山由美子

長男が危ない！

熱心な母親ほど要注意

「長男・はじめての子」は、親の期待が大きいぶん、干渉やプレッシャーが強くなりがちで、さまざまな問題を抱えるケースが多い。多数の取材から実態を探り、いまどきの長男の子育てを成功させるコツを紹介。

西多昌規

「器が小さい人」をやめる50の行動

脳の処理力低下があなたの器を小さくする！　四六時中、情報や刺激が絶えず流れ込む現代社会、誰もが脳のキャパオーバーを起こしているのだ。些細なことでイラッとしたり、キレやすい人のための指南書。

草思社文庫既刊

ブッダの脳
心と脳を変え人生を変える実践的瞑想の科学

リック・ハンソン　リチャード・メンディウス　菅 靖彦＝訳

「仏教」と「脳科学」の統合による新しい瞑想法を専門家がくわしく解説。「心」のメカニズムの理解のうえで、怒りや不安などの感情をしずめ、平安で慈しみのある精神状態を生み出す実践的な方法を紹介する。

愛することができる人は幸せだ

ヘルマン・ヘッセ　岡田朝雄＝訳

「愛されることより愛することが重要だ」と説くヘッセの恋愛論。幼いころの初恋、壮年時の性愛、晩年の万人への愛――人生のあらゆる段階で経験した異性との葛藤と悩みを率直に綴り、読者へ助言する。

地獄は克服できる

ヘルマン・ヘッセ　岡田朝雄＝訳

自殺願望や極度のうつ症状に終生、悩まされたヘッセが地獄の苦しみともいうべき精神状態からいかにして脱出したか。親、学校、家族、社会との軋轢の中から抜け出すための思考法を体験的に綴る。

草思社文庫既刊

結局、自分のことしか考えない人たち

自己愛人間への対応術

サンディ・ホチキス　江口泰子＝訳

他者を犠牲にして自分を守ろうとする自己愛人間の心理構造を解き明かし、その毒から身を守るための四つの戦略を紹介。その理不尽な言動に振り回され、傷つけられ、人知れず苦しんでいる人の必読書。

他人を支配したがる人たち

身近にいる「マニピュレーター」の脅威

ジョージ・サイモン　秋山 勝＝訳

うわべはいい人のフリをして、相手を意のままに操ろうとする〝マニピュレーター〟たち。その脅威と、彼らによる「心の暴力」から身を守る方法を臨床心理学者が教えます。**『あなたの心を操る隣人たち』改題**

他人をほめる人、けなす人

フランチェスコ・アルベローニ　大久保昭男＝訳

あなたの身近にもいる「他人を認めない人」「陰口をたたく人」「果てしなく話す人」などの深層心理を、鋭い観察と深い洞察で解き明かす。一二五万部のミリオンセラーとなった現代人のバイブル。

草思社文庫既刊

夏目漱石の人生を切り拓く言葉
齋藤 孝

「牛のように進め」「真面目とは真剣勝負のことだ」など、若き弟子たちに多くの意を尽くした励ましの言葉を贈った漱石の現代にも通用する人生の教え。**『夏目漱石の人生論 牛のようにずんずん進め』改題**

声に出して読みたい日本語①〜③
齋藤 孝

黙読するのではなく覚えて声に出す心地よさ。日本語のもつ豊かさ美しさを身体をもって知ることのできる名文の暗誦テキスト。日本語ブームを起こし、国語教育の現場を変えたミリオンセラー。

声に出して読みたい論語
齋藤 孝

「論語を声に出して読む習慣は、心を研ぐ砥石を手に入れたということだ。孔子の身と心のあり方を、自分の柱にできれば、不安や不満を掃除できる」(本文より)日本人の精神を養ってきた論語を現代に。